LONDEN

Ook verschenen van Kiki van Dijk bij Xander Uitgevers

Zeevlam (2014)
Ibiza (2016)
Ibiza – De erfenis (2017)
Lech (2017)
Pisa (e-book, 2018)
Bali (2018)
Nice (2019)
Barça (e-book, 2019)
Winterberg (2019)
Tarifa (2020)
Gstaad (2020)
Vlieland (2021)
Parijs (2021)
Florence (2022)

KIKI VAN DIJK

Londen

XANDER

Uitgegeven door Xander Uitgevers bv
www.xanderuitgevers.nl

Omslagontwerp: Studio Marlies Visser
Omslagbeeld: Getty Images
Auteursfoto: Sandy Verhoeve
Zetwerk: Michiel Niesen, ZetProducties

Eerste druk 2022

ISBN 978 94 0161 868 7 | NUR 332

Deze uitgave kwam tot stand door bemiddeling van Sebes & Bisseling
Literair Agentschap te Amsterdam.

Voor Taco en de stad waar het allemaal begon

The best way to find out if you can trust somebody is to trust them.

– Ernest Hemingway

1

‘Nu. Ja, nu!’ Kate keek achterom. Bertie volgde wel, maar was een stuk langzamer dan zij. ‘Kom op, rennen!’

Berties lammycoat wapperde om hem heen terwijl hij haar met grote stappen probeerde bij te houden. ‘Wacht even,’ hijgde hij.

‘Geen tijd,’ riep Kate terwijl ze Madonna naar haar Jeep zag lopen. De chauffeur hield de deur al open. ‘Nu, schiet!’

Als een tijger sprong Bertie ineens voor Kate, draaide zijn lange lichaam in een onmogelijke bocht en schoot een reeks foto’s. Madonna keek op, schoof haar zonnebril in haar zilverwitte haren en maakte een duckface. Haar opgespoten lippen leken nog groter door de felrode lipstick. Daarna dook ze op de achterbank en gooide de chauffeur met een klap de deur dicht.

‘Heb je haar?’ vroeg Kate terwijl ze over Berties arm heen op het scherm van zijn Canon probeerde te kijken. ‘Met mij en het V-teken erop?’

Bertie zoomde in en ze bekeken de reeks snapshots van

de beroemde zangeres. Haar zwarte leren broek en rode bomberjack stonden er prominent op, maar haar afgewende gezicht was op geen enkele foto goed te zien. Pas op de laatste twee was ze herkenbaar.

'Net op tijd.' Kate gaf Bertie een high five. '*Well done*, mooie scoop.'

Bertie schudde zijn hoofd. 'Ze ziet er niet goed uit.'

'Ze is vierenzestig.'

'Nou en?'

Kate trok haar muts verder over haar oren. De wind sneed langs haar gezicht. 'Dan mag ze toch wel wat rimpels hebben?'

'Had ze maar rimpels, dan zou het nog kloppen. Kijk nou.' Hij wees naar zijn scherm. 'Die gladde wangen, met die hele oude handen. Echt griezelig gewoon.'

Ze stonden op de stoep bij Portman Square in Marylebone, niet ver van Madonna's huis in Londen. Meestal ging de ster lopend naar de privésalon van haar kapper, maar vandaag had ze waarschijnlijk vanwege de kou voor de auto gekozen. Even leek het alsof ze daardoor hun kans op een foto hadden gemist, maar gelukkig had de receptioniste van de salon Kate op tijd getipt.

'Eens, maar dat maakt voor ons niets uit,' zei ze en zag nog net Madonna's Jeep de hoek om verdwijnen. 'We krijgen sowieso wel vijfentwintigduizend views.'

Bertie knikte. 'Misschien nog wel meer, ze was al zeker drie weken niet meer gespot.'

'Goed zo, dan kunnen we nu met vakantie.' Kate stak

haar arm door die van Bertie. 'Zullen we een koffie doen? Ik ben bevroren.'

Bertie borg zijn camera op. 'Eentje. Ik wil de foto zo snel mogelijk plaatsen. Wat zetten we eronder?'

'#NewyearNewface?'

'Weer een alliteratie.' Hij kneep even in haar arm. 'En lekker vals. Je stelt me nooit teleur.'

Ik mezelf wel, had Kate het liefste geantwoord. Maar Bertie zou niet begrijpen dat een vileine kop bedenken niet in verhouding stond met wat ze vroeger allemaal had gedaan. Voor hem was @kateseesyou het journalistieke summum.

Ze liepen langs het spijlenhek van Portman Square. Het park zag er ondanks de grote, kale bomen verzorgd uit. Keurige gravelpaadjes, gesnoeide perken en banken in romantische hoekjes.

'Zo'n mooie plek,' zei Bertie, die duidelijk haar blik had gevolgd. Hij wees naar de brede, zeker tweehonderd jaar oude huizen rond het plein. 'Maar wel alleen toegankelijk voor de eigenaren van deze megahuizen.'

'De verschillende klassen zijn nog steeds diep verankerd in het Engelse DNA,' trapte Kate de open deur maar weer eens in. Ze zag de ouders van Benjamin voor zich. Met hun waxcoats, rubberlaarzen en dertig jaar oude Landrover. Ze leefden sober maar wel op een landgoed van bijna drie hectare, met zes pachtboerderijen en een eigen meer.

'Kom op zeg.' Bertie wees nu naar het hoge entreehek. 'Zo'n privépark, dat is toch niet van deze tijd?'

Haar gedachten gingen weer naar het landgoed. Wat was ze overmorgen graag op Barnham Court aangeschoven bij de vertrouwde high tea die altijd op oudjaarsdag werd geserveerd. Benjamins ouders geloofden dat je dankbaar moest zijn voor het afgelopen jaar in plaats van de komst van een nieuw jaar te vieren. Dat vonden ze te hoogmoedig. Beter was het volgens hen om meer bescheiden te zijn, net als haar eigen ouders ook altijd hadden benadrukt.

'Tradities krijg je er in dit land niet zo snel uit.'

'*Believe me, I know,* maar toch, het blijft bizar.' Bertie stond abrupt stil. Zijn sjaal met regenboogkleuren gleed van zijn schouder. 'Waar lopen we eigenlijk heen?'

'Daar?' Kate wees naar La Madeleine, het Franse tentje waar ze weleens met Benjamin had afgesproken. 'Ze hebben er bizar lekkere koffie.'

'Of zullen we naar Nobu doorlopen? Het is maar een minuut extra.'

Bertie zette zijn snelle Indiase accent expres wat vetter aan. Alsof hij zijn tong nog verder zijn keel in trok. Dat deed hij meestal als hij iets van haar wilde. Bertie wist dat ze moest lachen als hij zichzelf niet te serieus nam. 'De hotelbar daar zit naast de lobby. Misschien kunnen we nog een celeb op de foto zetten. Ik hoorde dat een groep mode-influencers uit Parijs is aangekomen, Jeanne Damas en haar *gang*. Voor een privéfeest ergens.'

Kate zuchtte. Ze was er klaar mee. Vipspotting was haar officiële bron van inkomsten, en ze kon er echt de lol van inzien. Uiteindelijk wilde ze net als elke journalist ook gewoon lekker scoren. Maar over twee dagen was het oud en nieuw. Ze was toe aan vakantie. '*Please*, kunnen we het even laten gaan?'

'Ah, eentje?' Hij hield zijn hoofd schuin, zijn donkere ogen keken haar bijna smekend aan. 'Je hoeft niets te doen. Drink gewoon je koffie. Ik ga wel op de *lookout* zitten.'

Ze liet haar schouders zakken. 'Bertie… please.'

'Het kan vijfduizend pond schelen.' Hij hield zijn hand op. 'Bovendien, zo te voelen begint het net te regenen. We kunnen beter snel naar binnen gaan.'

Ze schoot in de lach. Het was grijs, ongekend koud, maar voor het eerst sinds dagen was het kurkdroog. 'Kan ik je ooit iets weigeren?'

'Kom.' Het voetgangerslicht sprong op groen en hij duwde haar zacht het zebrapad op. 'Op naar de laatste pic van het jaar.'

Ze zaten op een net te lage groene veloursbank, met voor hen een messing tafeltje waarop hun kleine kopjes nauwelijks naast elkaar pasten. Om hen heen leken de andere gasten de hippe meubeltjes net zo ongemakkelijk te vinden, want niemand zat ontspannen onderuitgezakt. Maar in de stad waar de race om de *coolest place to be* onverbiddelijk was ging schoonheid altijd boven functionaliteit.

Bertie, of officieel Albert Kharti, staarde al tien minuten ingespannen naar het scherm van zijn laptop. Hij wreef continu over zijn baardje en bleef maar pielen om Madonna's foto scherper te krijgen. Kate liet hem graag even met rust. Zijn vakmanschap had al vaker hun posts gered.

Toen ze drie jaar geleden bij *The Guardian* wegging, had hij direct aangeboden om met haar mee te gaan. Eerst had ze getwijfeld of haar jonge stagiair de beste keuze voor haar celebrityblog zou zijn. Maar toen ze merkte hoeveel hij van social media wist, had ze hem meteen gecontracteerd. De combinatie van haar grote netwerk en zijn frisse blik was een succes geworden. Vorige maand hadden ze de miljoen volgers aangetikt.

'Zo, klaar.' Hij klapte zijn laptop dicht en keek op. 'Al iemand gespot?'

Ze knikte. 'Dempsey.'

'Wie?'

'Die acteur.'

'Welke?'

'Van *Dempsey and Makepeace*.'

Bertie trok zijn donkere wenkbrauwen op. 'Dit verzin je.'

'Nee, echt niet. Het was een Britse politieserie.' Ze glimlachte. Natuurlijk kende hij die serie niet. 'Uit de jaren tachtig. Superknappe vent, die Dempsey. Zij ook trouwens.'

'Die moet nu zwaar bejaard zijn. Herkende je hem nog?'

'Meteen,' loog ze. Ze had een man bij de receptie zien staan die op hem leek. Maar ze had eigenlijk geen idee hoe Dempsey er nu uitzag. Of hij überhaupt nog leefde. 'Google hem maar.'

Bertie opende zijn laptop weer en tikte de namen in.

'Nou, niet verkeerd inderdaad. Lekkere kerel.' Hij draaide het scherm naar haar toe. 'En zij lijkt trouwens wel op jou.'

De blonde pony, de felblauwe ogen en brede mond. De gelijkenis met Harriet Makepeace was inderdaad best opvallend. 'Zo zie je maar. Ik pas helemaal in de *eighties revival*.'

'Heb ik weer.' Berties hoge lach kaatste door de bar. '*My famous vintage friend*.'

'Dat is pas een mooie alliteratie!'

'Inderdaad.' Bertie leek zelf verbaasd door zijn vondst. 'Kom, leggen we die Dempsey snel nog even vast. De hashtag hebben we al.'

'Laat maar.' Kate wees naar de verlaten lobby. 'Die is allang vertrokken.'

Bertie leek teleurgesteld maar zijn ogen lichtten op toen hij naar zijn scherm keek. 'Kassa! Madonna gaat al helemaal viral. Perfecte combi met die lipstickadvertentie van L'Oréal die ik erachter heb gezet.'

'Dan kunnen we nu echt gaan. We zijn voor dit jaar wel binnen.' Kate pakte meteen haar tas. 'Hier is toch niemand. En ik wil zo graag naar huis. Ik heb Alistair al de hele dag niet gesproken.'

Bertie snoof. 'Je kunt hem toch bellen.'

'Duidelijk dat jij ook al een decennium geen zestienjarige meer bent.' Ze stond op en pakte haar jas van de leuning. 'Hun telefoon zit aan hun hand gekleefd, maar voor hun moeder zijn ze standaard onbereikbaar.'

'Briljante tactiek trouwens. Maar natuurlijk, ga. Ik blijf nog even zitten. Je weet maar nooit.'

'Alvast happy new year.' Kate boog zich voorover en gaf hem een knuffel. 'Zie ik je over vier dagen op kantoor?'

'Zeker. Heb je nog wilde plannen voor oud en nieuw?'

Ze zuchtte. 'Duizend, maar ik denk dat ik al netflixend om elf uur op de bank in slaap val.'

'Ook boeiend,' grinnikte Bertie terwijl hij haar in haar jas hielp. 'We appen nog wel.'

Kate zette haar muts op en wilde weglopen, toen Bertie ineens haar arm vastpakte.

'Wacht,' zei hij gejaagd terwijl hij naar zijn telefoon staarde.

'Wat?'

'Noelle Barton...' Hij tikte op zijn scherm. 'Die chef-kok die we drie dagen geleden hebben gepost.'

'Ja duh, dat weet ik nog wel.' Kate dacht weer aan de uitgang van de keuken waar ze twee uur in de kou hadden gewacht. Maar ze waren wel de eersten geweest die haar direct hadden gefotografeerd nadat bekend was geworden dat ze haar tweede Michelinster in de wacht had gesleept. Coke snuivend, dat dan weer wel. 'Ik ben dan wel vijfenveertig maar...'

'Ze ligt in coma.'

'Wat?'

'Ik lees hier allemaal emotionele reacties.' Bertie knikte driftig. 'Overdosis. *Roofies.*'

'Wat is dat nu weer?'

'Rohypnol. Een populaire partydrug.'

'Heftig, zeg.' Kate knoopte haar jas vlug dicht. 'Wat een ellende, die drugs.'

De appwisseling met Alistair schoot weer door haar hoofd. Het feest waar hij vanavond heen wilde. Ergens achter in Bethnal Green, met ene Jamie die ze nauwelijks kende, maar die aan zijn slome ogen te zien te vaak stoned was. Zij had het meteen verboden, maar nu dreigde Alistair toch te gaan. Ze moest zo snel mogelijk naar huis. 'Ik ga nu echt. Ciao *darling.* Tot volgend jaar.'

2

Kate liep bij Liverpool Street de underground uit. Normaal zou ze op de fiets zijn gegaan, maar het was vandaag te koud. Gelukkig was de Central Line door de vakantieperiode niet zo druk als anders. Ze kroop dieper in de kraag van haar wollen jas en probeerde 'Last Christmas' van Wham! – dat genadeloos hard over de ijsbaan bij Broadgate Circle galmde – te negeren.

Toen haar moeder nog leefde vierden ze groots Kerstmis, met de hele familie in de keuken aan de Leliegracht. Maar na haar dood, nu bijna elf jaar geleden, verwaterde de traditie snel. Vooral omdat haar vader het allemaal maar commerciële ellende vond. De kerstvakantie was daarna in een paar jaar tijd van een warm familiefeest veranderd in een zwart gat met bevroren herinneringen.

Kate dook een steegje in en versnelde haar pas. Twee jongens oefenden met een skateboard in de portiek van een pakhuis vol graffiti, even verderop zag ze een lange rij staan voor de hippe galerie Autograph. Dit was precies waarom ze haar wijk zo leuk vond. Benjamin had geprotesteerd toen ze hier wilde gaan wonen. Hij vond Shoreditch een dump, niet geschikt voor hun zoon. Maar zij had uitgelegd dat de contrasten het juist zo spannend maakten. En dat het gezellig was omdat Tracy, al veertig jaar haar beste vriendin, hier woonde.

Bovendien was het hier een stuk goedkoper dan in Kensington, waar ze eerst woonden, maar dat had ze er niet bij gezegd. Met Benjamin sprak ze nooit over geld. Wel vertelde ze dat de Old Street Roundabout hier om de hoek het Silicon Valley van Londen werd genoemd. Precies de plek waar ze met haar nieuwe mediabedrijf wilde zitten, had ze hem verzekerd.

Dat de buurt achteruitging sinds de pandemie had ze natuurlijk verzwegen. Vooral omdat ze bang was dat Benjamin Alistair alsnog naar kostschool zou sturen, want zo ging dat al eeuwenlang in zijn familie. Ze wilde haar zoon niet nu al kwijt. Maar als ze eerlijk was begon er toch ook bij haar een gevoel te knagen dat een strenger regime misschien beter voor hem was. Ze zou het alleen nooit kunnen betalen en ze had gezworen nooit meer van Benjamin afhankelijk te zijn.

'Darling Kate,' galmde het door de steeg.

Ze keek op en zag Evy aan de overkant aan komen lopen. Haar lange jas hing halfopen, waardoor haar ronde buik in het broekpak duidelijk zichtbaar was.

'Lieve buuf.' Kate stak over, gaf Evy een korte knuffel en raakte bijna verstrikt in haar rode vlechten. 'Hoe gaat het? Je ziet er stralend uit.'

Evy wreef over haar buik. 'Zo'n zwangerschap is fantastisch. Te gek gewoon. Die hormonen… het lijkt wel MDMA. Het is *insane*. Je bent de hele tijd gelukkig. En die orgasmes, niet te geloven. Tom wordt gek van me. Ik lig de hele dag boven op hem.'

Kate wuifde met haar handen. '*Too much information, dear.*'

'Hoor je ons dan door het plafond?'

'Hè? Nee, natuurlijk niet.'

'Goed zo, daar was Tom zo bang voor.'

Kate deed een stap dichterbij. 'Nu ik je toch zie, weet jij misschien…'

'Wacht.' Evy sloeg een arm om haar heen. 'Eerst het goede nieuws. Patrick, die collega van Tom, die super hotte dj over wie ik je vertelde, is er overmorgen ook en *he is dying to meet you*.'

'Was hij niet zo oud als Tom zelf?'

'Iets ouder, achtentwintig, maar…'

'Geen denken aan,' onderbrak Kate Evy's woordenstroom. Haar buurvrouw bedoelde het goed, maar ze was nogal een ongeleid projectiel. 'Die is bijna net zo jong als Alistair.'

'Alsof dat iemand nog iets uitmaakt.'

Kate schudde haar hoofd. 'Alistair zou me ter plekke vermoorden.'

'Die kans bestaat.' Evy liet Kate los, deed een stap naar achter en keek haar onderzoekend aan. 'Maar je komt toch wel? Je gaat niet een etage lager als een bejaarde zoutzak op de bank hangen, hoor. Nieuwjaar moet je vieren.'

'Wie weet,' zei Kate bewust vaag. 'Ik heb ook nog een ander feest. Maar wat ik je wilde vragen… weet jij wat roofies precies doet?'

Evy trok haar wenkbrauwen op. 'Heb je wilde plannen?'

'Ik niet, maar jij bent vast ervaringsdeskundige.'

Kate legde uit wat er was gebeurd met Noelle Barton en dat ze nu nog steeds in coma lag.

'Ach, vrienden gebruiken het ook weleens,' reageerde Evy achteloos. 'Vaak samen met coke. Om het effect wat te verzachten. Het maakt je slomer.'

'En jij?'

'Ben je gek? Ik wil nog wel weten wat er gebeurt. Controlfreak, hè.'

Waarschijnlijk keek Kate nog steeds verward, want Evy legde uit dat in combinatie met alcohol de drug tot vergeetachtigheid kon leiden.

'Waarom zou Noelle dat dan hebben gebruikt?'

'Geen idee, schat.' Evy gaf een kus op haar wang. 'Ik moet rennen, ik ga *rage-en*.'

'Wat is dat nou weer?

'De nieuwste yogatrend. *For us badasses.* Heavy metal en hardop vloeken. Heerlijk, echt.' Evy zwaaide en holde weg. 'Volgende keer ga je mee.'

Het geluid van Evy's designerklompen galmde na door de steeg. Eigenlijk had Kate haar buurvrouw nog meer willen vragen. Om beter in te kunnen schatten wat er met Alistair aan de hand was. Of ze niet iets aan het missen was. Hij veranderde zo snel en werd steeds bozer, meestal om niets. En hij was vaak zo moe dat hij pas na de lunch zijn bed uit kwam, of soms zelfs de hele dag zijn sweatpants aanhield. Natuurlijk kon het normaal pubergedrag zijn, maar ze wilde niet een van die naïeve ouders zijn die pas na een overdosis de harde realiteit van een verslaving onder ogen durfde te zien.

Kate liep de steeg uit en bleef voor de etalage van AIDA staan. Vooraan hingen de blouses en ze zag weer die paarse met de leren kraag hangen. Met het extra geld van hun laatste posts kon ze hem nu wel betalen. Een perfecte combi met haar leren broek voor het feest overmorgen, maar ze twijfelde. Als ze hem zou kopen, zou ze ook wel moeten gaan en ze wilde eigenlijk....

'Hé, Kateseesyou,' klonk een hoge stem. Drie pubermeisjes renden het zebrapad over en liepen giechelend op haar af. De kleinste, met paarse haren, hield direct haar telefoon omhoog. 'Kate, Kate, mogen we een selfie? Please Kate?'

Kate zou graag doen alsof ze het niet hoorde, maar ze glimlachte en ging tussen het groepje in staan.

'Natuurlijk, neem maar,' zei ze vriendelijk.

Bertie had haar geleerd haar bekendheid te omarmen. Zij was immers haar eigen merk en ze leefden van de volgers. De kern van hun succes was simpel: een selfie met een vip. Elke keer weer stond Kate naast een beroemdheid, met haar twee opgestoken vingers in het beroemde V-teken. Net als Winston Churchill, die tijdens de Tweede Wereldoorlog op elke foto hetzelfde had gedaan. Het maakte hun account anders dan die van de reguliere paparazzi.

'Supertof,' zei het langste meisje, dat ook haar telefoon op selfieafstand hield. 'Dank je wel.'

De meisjes kropen dicht tegen haar aan en staken meteen hun twee vingers op.

'*Freedom*,' riepen ze in koor en ze maakten snel een paar foto's. Daarna doken ze onmiddellijk over hun telefoons om de snapshots te posten.

'*#happynewyear* is een goede,' riep de kleinste. 'Of *#nexttokate*.'

Dat Kate nog naast hen stond, leken ze alweer vergeten. De historische waarde van het gebaar leek hun ook totaal te ontgaan. Kate wilde wel uitleggen dat het V-teken eigenlijk 'victorie' betekende en later door de pacifistische beweging als vredessymbool werd gebruikt, maar ze zouden toch niet geïnteresseerd zijn.

'Historische erosie,' noemde haar vader de onverschilligheid in het publieke debat ten opzichte van de geschiedenis. Tot haar eigen schaamte droeg ze zelf ook bij aan die uitholling. In haar posts misbruikte ze het V-gebaar elke keer opnieuw.

Zonder nog iets tegen de meisjes te zeggen sloeg Kate de hoek om en liep langs een krantenkioskje met een rek vol kranten. *The Guardian, The Daily Telegraph, The Times* en *The Sun* lagen gebroederlijk onder elkaar. Ze las de koppen van haar oude werkgever en zag dat een verslaggever die ze zelf had opgeleid nu een voorpagina-artikel over een Schots corruptieschandaal had geschreven.

Natuurlijk niets over Madonna's feestoutfit of de one-nightstand van Emma Watson. Die recente 'scoops' had zij voor haar rekening genomen en ze maakte in gedachten de aanhalingstekens in de lucht. Ze liet haar hand over de voorpagina glijden en moest de neiging om aan het papier te ruiken onderdrukken. De aardse geur van verse kranten miste ze nog steeds, net als de kakofonische geluiden op de redactie en de discussies aan de middentafel. Maar na haar vertrek bij de krant was ze over zoveel ethische grenzen heen gestapt dat ze zichzelf inmiddels nauwelijks meer een journalist durfde te noemen.

Een dubbeldekker kwam naast haar hoestend tot stilstand en een lange reeks forenzen wrong zich naar buiten. Meteen was de stoep gevuld en Kate deed een stap naar achter. Pas na twee minuten was de menigte opgelost en bij het zebrapad stak ze de drukke Charlotte Road over. Het liefst was ze nu iets verder gelopen en bij Tracy een borrel gaan halen. Maar die zat al twee weken in Nepal en bleef daar helaas nog wel even.

Het begon toch te miezeren en ze versnelde haar pas. Even verderop zag ze de vier ramen van hun zitkamer boven Ristorante Gloria al in beeld komen. En ja hoor, nog steeds met dichtgetrokken gordijnen. Verdorie, had dat joch de hele dag geslapen? Of hing hij nu achter zijn laptop en had hij niet eens de moeite genomen de dag officieel te beginnen?

Ze zwaaide naar Lorenzo, die achter de bar in het restaurant glazen stond te spoelen en tikte de code van haar voordeur in. 17leliegracht, het adres van haar jeugd.

De deur klikte open en net toen ze de post van de vloer oppakte, ging haar telefoon.

'Hé, Bertie, kun je niet eens een seconde zonder me?'

'Heb je het gezien?' hijgde hij.

Zonder te kijken deed ze de enveloppen in haar tas. 'Wat?'

'Hou je het nieuws niet bij? Noelle is overleden.'

3

'Alistair?' Kate gooide de post op het gangtafeltje en haar tas er direct naast. 'Alistair, ben je wakker?'

Natuurlijk hoorde ze geen geluid uit zijn slaapkamer komen en ze liep naar de zitkamer om de gordijnen open te schuiven. De sombere middag bracht niet veel licht in de ruimte en ze deed meteen de lampjes in de kerstboom aan. Daarna stak ze twee grote kaarsen aan en zette het laatste album van Celeste op. Al woonden ze hier nu al drie jaar, ze kon nog steeds genieten van de hoge, loftachtige kamer en de grote hoekbank die ze direct na de verhuizing had gekocht. En al behandelde Alistair hun appartement als een vuilnisbelt, ze vond het er nog steeds erg gezellig.

Ze verzamelde de lege glazen van de eettafel en zag aan een kom met opgedroogde resten granola dat haar zoon wel al uit zijn kamer was geweest. Verdorie, dan was hij dus weer zijn bed ingedoken. Ze spoelde het bakje om en terwijl ze de afwasmachine inruimde moest ze weer denken aan wat Bertie net had gezegd. Dat die arme Noelle zeer waarschijnlijk was gedrogeerd. En dat rohypnol ook bekendstond als dé rapedrug. Zou Noelle dat ook zijn overkomen? Het bleef wreed dat zo'n veelbelovend leven door die klotedrugs in de kiem werd gesmoord.

Op haar telefoon zocht ze naar de reacties op Noelles dood en zag #staycleanplease viral gaan. Iemand had zelfs een foto geplaatst van een stapel pillen met een rood stopbord eromheen. Zou Alistair van de risico's op de hoogte zijn? Zou hij beseffen dat hij op feesten of zelfs in een pub kon worden gedrogeerd? Dat hij dus altijd zijn hand op zijn glas moest houden.

Eigenlijk wist ze helemaal niet wat zijn kennis over drugsgebruik was. En als ze pogingen deed om er met Alistair over te praten en hem te waarschuwen voor de gevaren, liep hij boos weg, terwijl hij riep dat hij 'toch geen achterlijk kind was dat nog in de twintigste eeuw leefde'. Daar had hij ontegenzeggelijk gelijk in, maar het onderwerp was zo'n heet hangijzer geworden dat ze het er nauwelijks meer over hadden. Zoals je met je ouders ook niet over seks kon praten, dat voelde net zo ongemakkelijk. Met Benjamin besprak ze haar zorgen eigenlijk ook niet.

Kate duwde met haar heup de afwasmachine dicht en pakte ondertussen een stokbrood uit de vriezer. Straks zou ze er een salade bij maken en de linzensoep van gisteren opwarmen. Een favoriet van Alistair en hopelijk konden ze dan de rust vinden om zijn plannen voor de rest van de kerstvakantie te bespreken.

Ze liep door de smalle gang naar de achterkant van het appartement en klopte op de kamerdeur van haar zoon. Geen gehoor natuurlijk. Ze duwde de klink zachtjes naar beneden en opende de deur op een kier. De kamer was donker en alleen zijn bedlampje was aan. Alistair lag slapend met zijn kleren aan opgerold op bed. Hij had zijn oortjes in en zijn telefoon lag in een halfopen hand. Ze hoorde licht gesnurk en zijn donkere krullen stonden alle kanten op. Ze glimlachte. Slaaphaar, net als vroeger.

Zich een weg banend door vieze was en stinkende gympen, bereikte ze zijn bed en ging op de rand zitten. Net toen ze het dekbed een beetje over hem heen wilde trekken, klonk gegrom.

'Mam, wat doe je hier?' vroeg Alistair zonder zijn ogen te openen. 'Ik slaap.'

'Je meent het.' Ze voelde alweer irritatie opkomen en kon met moeite een sneer over zijn zweetlucht onderdrukken. Ze moest proberen de sfeer zo lang mogelijk goed te houden, zodat ze hopelijk een echt gesprek konden voeren. 'Heb je zo'n vermoeiende dag gehad, schat?'

'Haha,' zei hij met een slome stem. 'Grappig, hoor, mam.'

'Nee, ik meen het. Ik ben echt benieuwd wat je vandaag hebt gedaan.'

Zuchtend draaide hij zich op zijn andere zij, met zijn gezicht naar de muur. 'Wat eten we?'

'Verdorie Alistair, je kunt toch gewoon antwoord geven?' Ze hoorde haar stem alweer omhooggaan. 'Ik stelde een heel normale vraag.'

'Normale vraag?' herhaalde hij half in zijn kussen. 'Idiote vraag zul je bedoelen. Je weet toch wat ik heb gedaan?'

Ze stond op. 'Nee, hoe moet ik dat weten? Je belt nooit terug, stuurt me geen berichten...'

'Niets natuurlijk,' onderbrak hij haar. 'Ik heb helemaal niets gedaan. Vandaag niet. Gisteren niet. Morgen niet. Ik doe gewoon niets. Ik heb namelijk VAKANTIE!'

Kate beet op haar kiezen. Dat geschreeuw van hem vond ze het ergste. Maar hem nu corrigeren zou het alleen maar versterken. Ze liep naar de deur en deed het grote licht aan. 'Nou, volgens mij is het dan nu echt tijd om op te staan.'

Opnieuw klonk als antwoord slechts gegrom uit het bed.

'Dan gaan we zo een hapje eten en kunnen we bespreken wat...' Ineens zag ze in de hoek een ingepakte koffer staan. 'Waar ga je heen?'

'Hoezo?'

'Vanwaar die koffer?'

Even was het stil. Ze hoorde alleen dat de verwarming aansloeg. Toen draaide Alistair zich weer om en ging rechtop zitten. 'Ik ga naar pap.'

'Geen denken aan.'

'Ik ben zestien, dat kun je niet meer bepalen.'

Ze blies door haar tanden. 'O jawel. Pap en ik hebben de vakantie verdeeld. Deze dagen zijn voor mij. Dat weet je ook.'

'Ja, doei, ik kan hier toch niet blijven? Hier mag echt niets.'

'Gaat het om dat feest vanavond?' Ze pakte de deur vast. 'No way dat je daar heen gaat.'

'Van pap mag het.'

'Daar geloof ik helemaal niets van,' zei ze zo stellig mogelijk. 'Jij staat nú op en pakt die koffer uit. Ik ga je vader bellen.'

Kate deed de deur harder dicht dan ze wilde, maar de adrenaline stroomde zo hard door haar lichaam dat ze moeite had haar spieren te controleren. Ze bleef even in de gang staan en haalde twee keer diep adem. Natuurlijk moest zij de verstandigste zijn en moest ze haar woede beheersen, maar verdorie, hoe deden andere ouders dit? Hoe kon je in vredesnaam een normaal gesprek met een puber voeren? En dan die geslepenheid van hem om Benjamin en haar tegen elkaar uit te spelen.

Terwijl ze naar de zitkamer liep klonk uit Alistairs kamer ineens keiharde house. De spiegel in de gang leek erdoor te trillen. Kate wilde zich alweer omdraaien en teruglopen toen ze een donker silhouet naast de kerstboom zag staan. Haar hart sloeg over.

De man draaide zich om en kwam recht op haar af. 'Hoi, Katie.'

'Wat doe jij hier?'

'Hallo, Benjamin, wat leuk dat je er bent. Heb je een fijne kerst gehad?' Benjamin grinnikte. 'Zo had je me ook welkom kunnen heten.'

'Waarom zou ik je welkom heten?' Zonder hem aan te kijken liep ze door naar het keukengedeelte. 'Je hebt jezelf duidelijk al binnengelaten. Wil je thee?'

Haar ex antwoordde niet maar ze pakte de theepot toch,

vooral om bezig te zijn. Door te handelen kon ze afstand bewaren. Ze zag Benjamin keurend door de zitkamer lopen.

'Zadie Smith, Ian McEwan.' Hij bleef naast de boekenkast staan en liet zijn handen langs een plank glijden. 'Julian Barnes, Sarah Waters... koop je nog steeds fysieke exemplaren?'

'Dat klinkt als kritiek.'

Hij trok een wenkbrauw op. 'Hoezo?'

'Ik vind het een misdaad om het niet te doen.' Ze deed de theeblaadjes in de pot. 'Waar moeten auteurs anders van leven? Wist je dat ze nog minder krijgen voor een e-book?'

'Dat zou kunnen.' Benjamin haalde zijn schouders op en zijn zachte wollen trui bewoog soepel mee. 'Zei Descartes niet dat het lezen van goede boeken als een gesprek met eerlijke mensen is?'

'Jazeker, hoe eerlijker een boek, hoe interessanter het is om te lezen.' Ze wilde 'en dat geldt ook voor mensen' eraan toevoegen, maar ze beet op haar onderlip. Benjamin zou zeggen dat ze zuur was geworden en ze wilde juist laten zien dat ze ook doorging met haar leven. 'Dat probeer ik zelf ook te onthouden.'

'Nobel streven, hoor, dat zal vast niet makkelijk zijn met je huidige werk.' Hij pakte haar Best Feature Award uit de kast. Het stenen tablet waarop in gouden letters haar artikelen over de Skripal-vergiftigingen en de Russische daders in 2018 werden geroemd. Hij nam de tijd om de tekst te lezen, terwijl ze wist dat hij die al kende. Daarna hield hij de award demonstratief omhoog. 'En hoe gaat het eigenlijk met jouw boek?'

'Het antwoord op die vraag weet je heus wel.' Ineens was er weer dat krassende gevoel van schaamte in haar buik en ze duwde extra hard op de knop van de Quookerkraan. De stoom maakte Benjamin even onzichtbaar en ze ademde diep in. 'Maar goed, je kwam hier vast niet om mijn carrière te bespreken.'

'Klopt.' Hij zette de award terug in de kast. 'Hoe was jouw kerst?'

'Het was goed om in Amsterdam te zijn. Mijn vader heeft genoten. We zijn naar zijn vriendin gaan luisteren.' Ze praatte vooral snel om te voorkomen dat hij opnieuw over haar boek begon. 'Ze zong op kerstavond in de Amstelkerk. Echt betoverend.'

'Ingrid heet ze, toch?'

Ze knikte.

'En hoe gaat het met zijn zicht?'

Kate deed het deksel op de theepot en zette een kop ernaast. Voor zichzelf schonk ze een glas rode wijn in. 'Niet goed, hij is nu echt bijna blind.'

'Arme kerel.' Benjamin schoof een kruk aan en ging tegenover haar aan het kookeiland zitten. Hij keek op zijn horloge. 'Nu al wijn? Het is nog niet eens half vijf.'

'Maar met dit weer is het wel bijna donker,' reageerde ze net te defensief.

Benjamin haalde zijn schouders op. Het was dat hij grijze strepen door zijn donkere haren had, anders had ze net zo goed tegenover Alistair kunnen zitten. De twee leken angstaanjagend veel op elkaar.

'We hadden het met kerst weer goed op Barnham Court,' zei Benjamin. 'Ik denk zelfs dat Alistair het ook gezellig heeft gevonden.'

'Zoiets vertelde hij al.'

'En veel liefs natuurlijk van mama. Ze had je nog een kerstkaart gestuurd, geloof ik?'

Kate knikte. Haar ex-schoonmoeder had geschreven dat ze haar tijdens het familiesouper erg zou missen. Maar Kate was opgelucht dat ze niet tegenover een stralende Lynn had hoeven zitten, die met haar grote bambiogen ongetwijfeld de hele avond aanbiddend naar Benjamin zou hebben gekeken. En om elke stomme grap die hij maakte hysterisch zou hebben gelachen.

'We moeten het over Alistair hebben,' probeerde ze zakelijk te klinken. De zogenaamde vriendelijkheid van Benjamin irriteerde haar. Ze gebaarde met haar hoofd richting zijn kamer waar Stormzy nog steeds luid te horen was. 'Hij is ineens zo dwars geworden.'

'*He is being a total brat.*' Benjamin wilde haar blik vangen, maar ze keek weg. 'Ik ben het volledig met je eens,' ging hij rustig verder. 'Daarom ben ik hier ook.'

'Hij zegt dat hij vanavond bij jou gaat slapen.'

'Dat klopt.'

Benjamin speelde gedachteloos met een leesbril die op het eiland lag. Ze wilde hem eigenlijk vragen daarmee op te houden. Dit waren haar spullen en dit was niet zijn huis. Maar hij zou het niet begrijpen. Hij wilde dat ze een knus samengesteld gezin waren, waarin iedereen het goed met elkaar kon vinden en waarover anderen zouden zeggen dat ze het onderling zo uitstekend geregeld hadden. Maar zij had totaal geen zin in zijn hypocriete toneelstuk.

'Had je dat niet eerst met mij moeten bespreken?' Ze hoorde de zure ondertoon in haar stem en slikte twee keer. 'Ik bedoel, het waren eigenlijk mijn dagen.'

'Nou, kom op, Katie.' Benjamin schonk thee in zijn kop. 'Een beetje flexibel zijn.'

Ze klemde haar kiezen op elkaar. Dit deed hij altijd. Haar grenzen oprekken en haar vervolgens het gevoel geven dat ze onredelijk was.

'We maken niet voor niets afspraken,' zei ze.

'Katie, luister, ik wilde je alleen maar helpen.'

'Hoe dan? Door mijn zoon ongevraagd mee te nemen?'

'Nu overdrijf je echt.' Hij blies in zijn thee. 'Ik dacht juist: ik draai een paar dagen goed de duimschroeven aan, let extra strikt op de regels, en dan heb jij ondertussen lekker even rust.'

'Je vindt dus dat ik niet streng genoeg ben?'

'Dat zei ik niet.'

'Niet direct, nee.'

Hij zuchtte. 'En ook niet indirect.'

'Het maakt niet uit. Je hoeft dat zelfs niet hardop te zeggen. Zelfs als je zwijgt, hoor ik je alsnog de hele tijd commentaar geven. Op mijn werk, mijn glas wijn, mijn opvoeding en...'

'Hier heb ik geen zin in,' onderbrak Benjamin haar meteen en hij stond op. 'Ik ga hem nu halen.'

Kate greep het aanrecht met twee handen vast. 'Trouwens, ik heb toch niet om je hulp gevraagd?'

'Kate, hou op.'

'Merk je dan niet dat hij ons nu tegen elkaar uitspeelt?'

'Wat een onzin.' Benjamin keek haar strak aan en zijn blauwe ogen werden een tint donkerder. 'Hij is gewoon een puber. Doe eens relaxt, zeg.'

Benjamin liep direct de gang in en ze hoorde dat hij Alistair vroeg de muziek uit te doen. Meteen was het stil. Daarna hoorde ze ze samen lachen en ging de deur dicht.

Kate liet zich op een kruk zakken en staarde naar haar glas wijn. Reageerde ze nou zo geïrriteerd omdat het Benjamins idee was? Waarom kon ze niet gewoon toegeven dat het inderdaad beter was als Alistair een paar dagen bij hem zou zijn? Soms had een zoon zijn vader nodig. Ze kon nog zo haar best doen, de mannelijke energie ontbrak hier. Met Benjamin ging hij sporten, kaarten, biljarten en Formule 1 kijken. En al zag ze zichzelf als een feminist, daar vond zij allemaal geen bal aan. Eigenlijk was het wel fijn als Benjamin dat gedeelte voor zijn rekening nam.

Het geluid van een rolkoffer klonk door de gang en bij de ingang van de keuken bleven haar twee mannen naast elkaar staan.

'Hé, jullie zijn nu even lang.' Ze glimlachte toen Benjamin op zijn tenen ging staan. 'Nou ja, bijna dan.'

Benjamin sloeg een arm om zijn zoon heen. 'Hij moet nog iets meer eten.'

'Daar kun je de komende week dan mooi voor zorgen,' zei ze nog steeds met een lach op haar gezicht.

Benjamin begreep meteen dat ze overstag was en glimlachte terug. 'Dank je.'

'Nou, dag dan, mam,' zei Alistair zonder haar aan te kijken.

'Kom op, geef haar een knuffel.' Benjamin duwde zijn zoon naar voren. 'Je hebt wel de beste moeder van de wereld, hè.'

Alistair sloeg zijn lange, dunne armen onhandig om haar heen. Ze rook zijn scherpe puberzweet, maar ook een zweem van de shampoo die hij al vanaf de lagere school gebruikte. Ze voelde haar ogen prikken en moest de neiging onderdrukken om haar neus in zijn krullen te duwen.

'Fijne tijd bij pap,' zei ze toen hij losliet. 'Kom je zondag wel terug?'

Hij knikte en leek nog iets te willen zeggen, maar haar telefoon ging.

'Bertie,' zei ze snel. 'Die kan wel even wachten.'

Alistair rolde met zijn ogen. 'Neem maar op, mam. Hij heeft vast weer een vip gespot die jullie moeten stalken.'

Voordat ze kon reageren, had Alistair zich al omgedraaid en de voordeur geopend. 'Kom, pap.'

Benjamin leek even te twijfelen, alsof hij haar ook een

knuffel wilde geven, maar liep toen toch naar de deur. 'Nogmaals bedankt, Katie.'

'Je had gelijk, het is beter zo. Echt een goed idee van je.' Ze knikte. 'Maar beloof me dat je hem vanavond niet naar dat feest laat gaan.'

'Absoluut niet. Die blijft lekker thuis bij ons voetbal kijken.'

De deur viel achter hem in het slot. O, wat was ze graag met hen meegelopen, Benjamins oude Saab in gedoken en samen al Beatles-liedjes zingend en rode auto's tellend de stad uit gereden. Precies zoals ze vroeger op weg naar Barnham Court altijd deden.

Kate dronk haar glas leeg en bleef naar de dichte deur staren. Alsof ze verwachtte dat ze elk moment weer terug konden komen. Hoelang zouden die herinneringen nog als hunkeringen blijven voelen? Wanneer kon ze normaal naar Benjamin kijken zonder dat haar lichaam zou reageren? Volgens haar vader duurde verdriet na een scheiding ongeveer even lang als een derde van de relatie. Dan had ze nog zeker drie jaar te gaan.

Haar telefoon ging weer en nu nam ze wel op.

'Kate, luister...' begon Bertie meteen. Door muziek op de achtergrond was hij moeilijk te verstaan.

'Wat?'

'Sally blijkt ook in het ziekenhuis te liggen.'

'Hè?' Het beeld van de ITV-presentatrice zoenend in een donkere parkeergarage flitste direct door haar hoofd. 'Die hebben we gisteren nog gefotografeerd.'

‘Precies.’

‘Hoe kan dit?’

‘Geen idee, maar de views gaan door het dak.’

‘Waar ben je?’

‘Om de hoek.’

‘Bij Callooh Callay?’ Nog voordat hij ja had gezegd, had ze al haar tas gepakt. ‘Ik kom er nu aan.’

4

Kate duwde de deur van hun stamkroeg open en kwam zoals altijd meteen in een dampende menigte terecht. Achter in de hoek was duidelijk een of andere bedrijfsborrel aan de gang. Veel korte zwarte jurkjes, foute kersttruien en millennials die om elkaars nek hingen. Al woonde ze bijna twintig jaar in Londen, de geile gekte van Britse kantoorfeestjes verbaasde haar nog steeds. Vreemdgaan was er eerder regel dan uitzondering. Een goudmijn, zoals Bertie de party's omschreef. Benjamin ontkende nog steeds dat hij Lynn ook op een kerstdiner van zijn werk had gespot, maar volgens Kates berekening kon het alleen toen zijn gebeurd.

Ze zag Bertie niet direct zitten. Normaal stak zijn lange lichaam overal bovenuit maar de bar was zo schaars verlicht dat zijn donkere huid leek op te gaan in de duisternis. Volgens Bertie had hij zijn uitzonderlijke lengte te danken aan zijn vader, die uit Punjab kwam, de provincie met de langste Indiase mannen. Zijn tint had hij van zijn moeder, die vanuit Bangladesh was geïmmigreerd.

Pas toen hij zwaaide, herkende ze zijn gele trui en liep langs een hossend stel naar zijn tafeltje. Vlak naast hem zat een jongen in een net te strakke leren broek met rossige krullen die ze vaag herkende. Misschien wel van Berties verjaardagsfeest vorige maand. Zijn hoofd lag op Berties schouder en hij hield zijn dijbeen stevig vast. Als een aapje dat zich dicht tegen zijn moeder had genesteld.

'Je kent Alfie toch nog wel?' Bertie tikte de jongen op zijn knie. 'Het is alweer bijna twee maanden.'

'Twee maanden al, dat gaat snel,' zei ze ontwijkend. Ze had Bertie nog nooit over een relatie gehoord. Of had ze niet goed geluisterd? 'Wat drinken jullie?'

'Moscow Mules natuurlijk.' Bertie wees naar de koperen mokken op tafel.

Alfie giechelde. 'Eigenlijk mogen we dat niet meer drinken.'

'*Damn it.*' Bertie sloeg op de leren bank. 'Het is bijna 2023, mogen we nou eindelijk weer eens politiek incorrect zijn?'

'Volgens mij heeft dat je nog nooit eerder beperkt,' zei Kate terwijl ze Alfie een hand gaf.

'*So true.* Kom nou zitten.' Bertie sloeg nog eens op de bank. 'En *no worries,* voor jou heb ik natuurlijk een gin-tonic besteld. Hendricks, toch?'

Kate knikte en schoof aan de ovale tafel. Op eerste kerstdag had ze zich eigenlijk voorgenomen zo snel mogelijk met dry january te beginnen, maar fris bestellen in een cocktailbar was bijna een belediging. Zeker in Callooh Callay, waar cocktails tot een kunstvorm waren verheven.

'Help me even, waar hebben jullie elkaar ook weer ontmoet?' vroeg ze terwijl ze haar jas uitdeed.

Alfie schoot rechtop en begon enthousiast te vertellen over de party die spontaan was ontstaan om de hoek op Rivington Street. 'Ken je het? Daar is ook die beroemde *piece* van Banksy.'

Natuurlijk had ze kunnen zeggen dat ze samen met haar collega bij *The Guardian* de echte kunstenaar achter het Banksy-pseudoniem had geïnterviewd. Dat ze toen geheimhouding over zijn ware identiteit hadden beloofd en daardoor uitgebreid over zijn graffitikunstwerken hadden kunnen praten. Maar dat was een ander leven geweest, dus ze knikte alleen en liet Alfie onnodig uitleggen hoe beroemd Banksy was en dat Bertie en hij recht voor zijn werk *Guard Dog* voor het eerst hadden gezoend.

Ondertussen keek Kate de volle kroeg rond. Hoeveel mensen zouden hier drugs gebruiken? Ze wist dat in het weekend dealers bij de wc's coke aanboden. Een van die jochies daar had een keer haar wilskracht geprezen toen ze zijn aanbod afsloeg. Lekker hypocriet, dacht ze bij zichzelf. Hun enige doel was zoveel mogelijk shit verkopen en heel snel, heel veel geld verdienen. Het zou op zich logisch zijn als de dealers daarnaast ook pillen verkochten en af en toe nieuw spul uitprobeerden.

'Zou het drugsgebruik door de pandemie zijn toegenomen?' vroeg ze dwars door Alfies verhaal heen.

Bertie trok zijn wenkbrauwen op. 'Hoe kom je daar nou ineens bij?'

'Nou ja, ik dacht aan Sally en die arme Noelle. Misschien vluchten meer mensen uit de harde werkelijkheid van toenemende klimaatproblemen en geopolitieke spanningen?'

Bertie bleef haar verbaasd aankijken.

'Als een vorm van escapisme?' vulde ze aan. 'Het negeren van de angstaanjagende realiteit. Dat gebeurde eerder ook al in Europa, in de aanloop naar de Tweede Wereldoorlog.'

Bertie schudde zijn hoofd. 'Waar gaat dat brein van jou toch altijd helemaal heen? Mensen willen gewoon een gezellige avond. Meer is het niet, hoor.'

'Maar het is toch wel raar dat...'

'Hier.' Bertie schoof zijn cocktail naar haar toe. 'Neem een slok. Het is vakantie.'

Ze nipte aan het glas. 'Je belde zelf, over Sally, wil jij dan niet weten hoe...'

'Stop. Please.' Bertie hield beide handen als een scherm voor zijn gezicht. 'Sally's overdosis was een misverstand. Ze is alweer thuis. Het bleek voedselvergiftiging. Spontaan allergisch voor zalm. Kun je je het voorstellen? Wat een luxe allergie. Zoiets zal mij nooit kunnen overkomen, te veel droge rijst gegeten.'

Kate zakte onderuit op de bank. Met moeite kon ze een gevoel van teleurstelling onderdrukken. Natuurlijk was de uitkomst fijn voor Sally, maar even had ze weer die adrenalinestoot gevoeld. De zoektocht naar de waarheid en de opwinding die bij de jacht op een goed verhaal hoorde.

Ze zuchtte. Ze hoorde niet meer thuis in de journalistiek. Ze moest eindelijk eens accepteren dat @kateseesyou zich met hele andere zaken bezighield. En dat ze daar ook gewoon heel goed aan verdiende.

'Nou, dan heeft Sally ons in elk geval een mooi oudjaarscadeau gegeven.' Kate nam de gin-tonic van de ober aan. 'Hoeveel likes?'

En terwijl Bertie uitgebreid verslag deed van het aantal bezoekers op hun account, de resultaten van hun laatste gesponsorde campagne van L'Oréal, en dat de foto van Madonna ook zo lekker draaide, dwaalden haar gedachten weer af. Hoewel haar vader rationeel wel begreep waarom ze bij *The Guardian* was weggegaan, had hij ook deze kerst weer gezegd hoe zonde haar vertrek daar was. Hij was opnieuw begonnen over zijn World Press Photo-award en dat zij met haar artikelen ook de wereldtop had kunnen bereiken. Ze had hem laten praten totdat hij zei dat geld nooit een drijfveer voor een carrière moest zijn.

'Wel als je een alleenstaande moeder bent,' had ze direct gezegd. 'Dan is een journalistiek baantje niet genoeg.'

Zoals gebruikelijk had hij beheerst gereageerd en opnieuw voorgesteld dat ze toch ook met Alistair naar Nederland kon komen. Dat scholen in Amsterdam veel goedkoper waren en dat ze gewoon op de Leliegracht kon intrekken. Misschien kon ze dan als correspondent voor een Engelse krant aan de slag gaan.

Ze had alleen geantwoord dat dat natuurlijk met Benjamin niet kon. Dat ze van de rechter in Londen moest blijven wonen. Maar dat de achtergrond voor haar beslissing veel complexer was geweest, liet ze achterwege. Dat zou zelfs haar vader niet begrijpen.

Bertie wenkte de ober voor een nieuwe rondje cocktails en ze bestelde opnieuw een gin-tonic.

'Nu al nog een, dear?' vroeg Alfie en hij wees naar haar glas. 'Je hebt nog, hoor.'

Nou en, wilde ze eigenlijk terugroepen. Maar in plaats daarvan dronk ze in een keer haar glas leeg. Als mensen een opmerking maakten over haar drankgebruik, werd ze meteen opstandig. Kinderachtig natuurlijk, maar ze had over weinig dingen in haar leven controle en dit was nou net iets waar ze helemaal zelf over besliste. Zelfs Benjamin kon er niets meer over zeggen.

5

'Kom, Kate, vertel.' Tom, haar buurman, was een uur geleden ineens ook naast haar komen zitten en hield maar niet op met praten. Nu vroeg hij haar naar juicy verhalen die ze niet hadden durven posten. Omdat ze echt te schadelijk waren voor de celebrity's, of te vunzig voor het grote publiek.

Kate nam een slok. 'Beter van niet.'

'Ah, Kate.' Tom hield zijn hoofd schuin. 'Het is bijna 2023.'

'Nou en?'

'Wordt het dan niet eens tijd voor wat smakelijke onthullingen?'

Kate schudde haar hoofd en de ruimte leek mee te draaien. Ze had geen idee meer hoe laat het was. Nadat Tom bij hun tafeltje was aangeschoven was het nog harder met de drank gegaan. Als ze de tel enigszins had bijgehouden, zat ze nu misschien wel al aan haar vierde cocktail. Zonder ook maar een hap te hebben gegeten.

'Sommige geheimen moeten geheim blijven. Toch? Beter voor iedereen.' Ze hoorde dat haar stem sleepte. 'Zullen we wat te snacken bestellen?'

Niemand reageerde en ze pakte zelf de menukaart. De letters dansten voor haar ogen. Shit, haar leesbril lag nog thuis. Nacho's. Die stonden ergens onderaan. Ja, ze kon gewoon wat nacho's bestellen. Dat zou al iets helpen. En als ze dan wat had gegeten, moest ze meteen vertrekken. Deze avond had de potentie om te ontsporen.

Om haar heen was het bedrijfsuitje geëindigd in verschillende zoenpartijen en Alfie was inmiddels ook op Berties schoot gaan zitten. Tom kroop met elke vraag iets dichter naar haar toe. Kate schoof verder naar de hoek van de bank en bestelde de nacho's. 'Een grote bak graag.'

De ober keek wel, maar Kate wist niet of hij haar had gehoord. Praatte ze dan zo onduidelijk?

'Doe maar twee porties,' vulde Tom aan die nog dichter naar haar toe kroop. '*We're famished*.'

De ober haalde zijn schouders op en liep weg.

'En Evy?' Ze zat inmiddels bijna op de rand van de bank. 'Waar is zij vanavond?'

Tom rolde zuchtend met zijn ogen. 'Doodmoe thuis. Zoals elke avond.'

'Ze had het over een dj die ze kende.' Kate had helemaal geen interesse in die vent, maar ze wilde Tom op afstand houden. 'Die iets voor mij zou zijn?'

Haar buurman stond ineens op. 'Wacht… volgens mij zag ik hem net.'

'Nee, laat maar,' zei Kate meteen en ze probeerde zijn arm te pakken, maar Tom was al in de meute verdwenen. Een jonge dj hier aan de tafel, dat was echt het laatste waar ze op zat te wachten, maar het voordeel zou zijn dat Tom even uit beeld was. Hopelijk kon ze dan snel wat eten en was ze nuchter genoeg om op te kunnen staan.

De discobal aan het plafond verspreidde groene en gele glitters door de bar en haar buik tolde mee. Kate probeerde zich te concentreren op Bertie die Alfies nek zoende. Als ze nou naar een vast punt bleef kijken, hield het draaien misschien op. En blijven praten. Dat leidde vast af.

'Wel gezellig hier, hè? Is het nou zo druk omdat het vakantie is? Of is deze tent ineens zo populair geworden? Heeft iemand trouwens mijn tas gezien?' vroeg ze eigenlijk aan niemand in het bijzonder terwijl ze ondertussen strak voor zich uit bleef kijken. Zonder resultaat, de misselijkheid werd alleen maar erger. Ze wilde een slok water nemen, maar wist niet meer welk glas van wie was en viste daarom een ijsblokje uit haar gin-tonic. Gedachteloos sabbelde ze er wat op.

Plotseling ging het volume van de muziek omhoog. Even dacht ze 'Stayin' Alive' van de Bee Gees te herkennen, maar het bleek slechts een moderne nepversie. Meer mensen schoten de dansvloer op en de massa voor haar deinde op en neer. Ze moest de tafel vastgrijpen om niet te vallen. Verdorie, had ze nou echt zoveel gedronken?

'Bertie?'

Ze trok aan zijn trui, maar haar vriend reageerde niet.

Zijn gezicht was verzonken in Alfies schoot. Met twee handen duwde Kate zich omhoog, maar ze zakte meteen terug in de bank. Waar bleven de nacho's nou? Ze moest echt nú iets eten.

'*There you are*!' Tom stond ineens weer voor haar neus. Hij duwde een man naast haar op de bank. '*Meet* Patrick. Patrick, *meet* Kate. *My darling neighbour*.'

Een donkere jongen met vriendelijke ogen, een gouden tand en dreadlocks gaf haar een brede glimlach. '*You'resobeautiful*.'

Hij zei de zin bijna als één woord en ze schoot in de lach. 'Je bent niet te verstaan.'

'*Who cares*? *Let's not talk*.' Patrick boog zich naar haar toe en zoende haar recht op haar mond. Zijn tong vond meteen een weg naar binnen en rolde langs haar tanden. Ze proefde de zoete, vette smaak van een pina colada.

'Mam!'

Werd ze nou geroepen? Kate duwde Patrick van zich af en keek naar de dansvloer. Maar behalve ronddraaiende lichten en vage silhouetten zag ze niets. Ineens stonden er wel twee bakjes nacho's op tafel. Net toen ze een greep in de chips wilde doen, trok iemand van achter aan haar schouders.

'Mam?'

Met een ruk draaide ze zich om. 'Alistair!'

Haar zoon stond direct achter de bank. Naast hem zijn slome vriend Jamie, die haar spottend aanstaarde.

'Jezus mam, je ziet er niet uit.'

'Wat?'

'Dat haar... je make-up.'

Kate duwde zich omhoog, wankelde en moest Patrick bij zijn schouders vastpakken om niet te vallen.

'Wat doe jij hier?' Met haar vingers probeerde ze snel haar haren in model te krijgen. 'Je mocht helemaal niet uit.'

Alistair boog zich naar haar toe. 'Ben je dronken?'

'Natuurlijk niet,' schreeuwde ze boven de muziek uit. 'Jij?'

'Wie is die vent?' Alistair wees naar Patrick, die meteen uit de bank omhoogschoot en wijdbeens naast haar ging staan.

'Een vriend,' zei Kate, maar ze stelde hem niet voor. 'Luister Alistair, ik wil dat je nú naar pap gaat en...'

Alistair lachte recht in haar gezicht. 'No way, ik blijf, als jij ook...'

'*Mate, don't be a jerk.*' Patrick sloeg zijn armen over elkaar en ze zag de spanning in zijn spieren. '*Let her be.*'

'Het is oké, hij is...' begon Kate, maar nog voordat ze de situatie kon uitleggen, gaf Alistair Patrick een harde duw en verdween zelf in de massa.

'Schat, wacht...' riep ze haar zoon na. Maar ze zag alleen nog maar dansende lichamen en kon nergens zijn donkere krullen ontdekken. Ze wilde de dansvloer op lopen toen Bertie haar weer naast zich op de bank trok.

'Waar ga je heen?' Hij schoof een glas naar haar toe. 'We zijn net begonnen.'

'Ja maar Alistair...'

Bertie schudde zijn hoofd. 'Laat dat jong toch. Je bent toch ook zestien geweest?'

'Ik moet Benjamin bellen.' Kate keek om zich heen, maar ze zag haar tas nog steeds niet liggen. 'Waar is dat ding?'

'Wat zoek je?'

'Mijn tas natuurlijk.'

Patrick was weer aan de andere kant van haar gaan zitten en streelde achteloos haar arm. 'Wie was dat agressieve joch?'

Ze antwoordde niet en schudde Patricks hand van zich af. In het donker tastte ze over de bank, in de hoek en op tafel maar haar telefoon leek spoorloos verdwenen.

Patrick haalde zijn schouders op en draaide zich naar Tom die nu aan een jonge vrouw hing. Bertie likte ondertussen Alfies wang. Dat ze misschien konden helpen met zoeken kwam duidelijk niet bij ze op, bedacht Kate geïrriteerd. Ze boog zich voorover, keek onder de bank en voelde opnieuw een golf van misselijkheid omhoogkomen. Ze beet op haar onderlip en proefde bloed.

De nacho's. Ze moest eerst iets eten. Zo dronken kon ze Benjamin toch niet bellen. Eerst even bijkomen, water drinken, eten en dan weer zoeken. Naar de tas, haar zoon en haar telefoon. Ze pakte een hand chips, rook de vette geur en kotste in de bak.

6

Die piep! Kate trok de deken over haar hoofd. Welke gek maakte er zo'n lawaai? Het geluid spleet haar hoofd als een mes in tweeën. Ze hield haar handen over haar oren. 'Hou op!'

De piep hield genadeloos hard aan.

'Kappen nou,' gilde ze in het niets.

Nu klonk het geluid als een bel. Kort, lang, kort, lang. Wacht... dat was haar bel. Iemand stond voor haar deur.

'Alistair?' riep ze.

Nee, die was natuurlijk niet thuis. Was zij er eigenlijk wel? Hoe was ze hier dan gekomen?

Kort, lang, kort. De bel ging maar door.

'Ja, ik kom.'

Met moeite kreeg ze haar ogen open, die dichtgeplakt leken door haar uitgelopen mascara. Met twee handen veegde ze de troep van haar gezicht. Ja, ze lag inderdaad op haar eigen bank, met een plaid over zich heen en haar gympen naast zich. Ze stonden keurig naast elkaar. Zo zou ze dat zelf nooit hebben gedaan. Iemand had haar thuisgebracht.

Kate duwde zichzelf omhoog en de pijn achter haar ogen werd nog feller. De lage winterzon scheen recht naar binnen. Al steunend op de bank, stoel en kast sleepte ze zichzelf naar de intercom.

'Wie is daar?' vroeg ze terwijl ze naar het schermpje staarde.

'Hoe kon je?'

'Wat?'

Plotseling verscheen Benjamin in beeld. 'Wat ben je voor een moeder?'

'Ook goedemorgen. Wil je niet boven komen?'

'Boven komen?' riep hij terwijl hij recht voor de camera ging staan. Zijn ogen leken zwarte gaten op het grijze scherm. 'Natuurlijk niet. Ik ben woedend!'

'Goh, dat zou je niet zeggen.'

'Dit is geen grap, Kate.'

Ze zuchtte. 'Benjamin, wat is er in vredesnaam gebeurd?'

'Weet je dan niets meer?' Benjamin boog zich verder naar voren en nu zag ze vooral zijn neus. 'Echt helemaal niets meer?'

Ze schudde haar hoofd. 'Ik ben net wakker.'

'Dan is het nog erger dan ik dacht.'

'Wat is erger? Ik had gewoon een beetje te veel gedronken.'

'Een beetje te veel gedronken? Je bent echt gestoord!'

Hij leek nog meer te roepen maar een bus reed achter

hem langs en even was hij onverstaanbaar.

'Waarom kom je niet boven?' vroeg ze toen het geronk voorbij was. 'Dat gegil op straat is niet echt...'

'Chic? Nee, inderdaad. Maar je laveloos door je puberzoon thuis laten brengen is wel heel beschaafd?'

Plotseling was het scherm weer zwart.

'Benjamin?' riep ze door het microfoontje.

Geen reactie.

Kate bonkte op de deur. 'Benjamin, kom boven. Dit kun je niet maken.'

Haar hoofd dreunde, maar ze draaide zich snel om en liep naar het raam. Ze zag nog net hoe haar ex aan de overkant van de straat een black cab aanhield. Zonder naar haar op te kijken dook hij achterin.

Ze moest hem meteen bellen. Uitleggen dat ze echt niet wist wat er was gebeurd. Ja, ze was dronken, maar een black-out? Er moest iets anders zijn gebeurd. Ze had ook nog nooit zo'n kater gehad. Misschien was ze wel ziek? Zo heftig overgeven als gisteravond had ze überhaupt nog niet eerder gedaan.

O nee... dat had Alistair natuurlijk ook gezien. Ineens herinnerde ze zich flarden van de avond. Dat hitsige gedrag van Tom, die rare dj, de tongzoen, die bak nacho's... Mijn god, wat had ze er een chaos van gemaakt.

Ze moest zo snel mogelijk Benjamin te pakken zien te krijgen. En Alistair bellen. Direct haar excuses maken en vragen of hij mee ging lunchen. Shit, waar was haar telefoon?

Kate keek om zich heen maar zag niets liggen. Was ze haar mobiel al in de bar kwijtgeraakt? En haar tas. Waar was in vredesnaam haar tas? Ze keek tussen de kussens, achter de kerstboom, op het aanrecht. Niets. Ook in de slaapkamer kon ze niets vinden. Had Alistair die eigenlijk wel meegenomen?

Kate zakte op de bank en hield haar hoofd tussen haar handen. Het idee dat Alistair haar naar boven had moeten slepen, maakte haar meteen weer misselijk. En dat ze zich er niets meer van kon herinneren maakte het nog erger. En dan haar tas met al haar spullen, haar telefoon, het pufje voor haar astma... Benjamin had gelijk, ze was een waardeloze ouder.

Opnieuw klonken de hoge tonen van de bel. Kort, lang, kort, lang. Gelukkig, hij was teruggekomen. Dan kon ze nu toch alles alsnog uitleggen. Kate schoot omhoog maar zag op het schermpje dat Bertie voor de deur stond. Even twijfelde ze maar drukte toen toch op de knop en de deur schoot van het slot.

Bertie zette een cappuccino voor haar neer. 'Weet je echt zeker dat je je telefoon naar Callooh had meegenomen?'

'Honderd procent.'

Kate prikte in haar roerei, maar nam geen hap. Het ontbijtje dat Bertie voor haar had meegenomen was goed bedoeld, maar ze wist zeker dat ze nu niets zou binnenhouden. Misschien dat zijn grote ibuprofenpil beter resultaat zou boeken.

'Hoe laat had je hem nog wel?'

Ze schoof het bord van zich af. 'Geen idee.'

'Je hebt vanochtend nog iets gepost.' Bertie keek op zijn telefoon. 'Geen fijne tekst trouwens.'

'Echt? Hoe laat was dat?'

'Kwart voor zeven.'

'Laat eens zien.'

Bertie schoof zijn telefoon naar haar toe. *Dish the dirt on this bitch,* las ze onder de foto van Sally. Ze slikte. Zo'n botte tekst zou ze niet snel schrijven. En ze zou nooit oproepen tot meer roddels. De reacties logen er ook niet om. Ze scrolde naar beneden. De meeste mensen verweten haar gebrek aan empathie, noemden haar gemeen en een vals wijf. En terecht, hoe had ze kunnen bedenken dat het grappig was om zo'n uitspraak te gebruiken bij iemand met een voedselvergiftiging.

'Dit ben ik niet.' Ze schoof de telefoon weer terug. 'Ik bedoel, zo ben ik niet.'

'Je was echt ver heen gisteren.'

Ze trok haar kruk wat dichter naar het eiland toe. 'Heb jij gezien dat Alistair mij thuis heeft gebracht?'

'Ik heb het hem zelfs gevraagd.' Zijn donkere ogen glinsterden. 'Dan kon ik mee met Alfie.'

Kate wilde roepen dat hij gek was geworden. Dat hij haar zoon erbuiten had moeten laten. Maar ze wist dat het zinloos was. Hoe kon ze een twintiger uitleggen hoe belangrijk respect van je kind was? Vooral voor het behoud van je geloofwaardigheid als opvoeder. En dat ze dat nu bij Alistair definitief had verloren.

'Weet je hoe laat dat was?' vroeg ze daarom maar.

'Vlak voor sluitingstijd. Uur of vier.'

'Als ik daarna nog een bericht heb verstuurd moet mijn telefoon dus hier liggen.' Ze keek weer om zich heen. 'Bel mij eens.'

Ineens klonk haar ringtoon. Heel vaag, alsof hij ergens opgesloten lag. Ze sprong op, liep naar de garderobekast en zag daar haar tas hangen, keurig aan een haakje, met haar telefoon erin.

'Wat lief,' fluisterde ze tegen zichzelf.

Zelfs op het dieptepunt van haar moederschap had haar zoon nog het juiste gedaan en gewoon haar spullen opgeruimd. Ze pakte haar telefoon, zag nog meer harde reacties binnenkomen en klikte hem meteen weer uit.

'Wat een puinhoop heb ik ervan gemaakt,' zei ze, terwijl ze terugliep naar de keuken. 'Ik moet nu Benjamin bellen... Hé, wat is er?'

Bertie stond zwijgend voorovergebogen en keek naar zijn telefoon alsof die in brand stond. Met een angstige blik maar ook een glimp van verwondering.

'Wat is er?' vroeg ze opnieuw.

Nu pas keek Bertie op. 'Er is een meme. Van jou.'

'Laat zien.'

Ze liep op haar collega af, maar Bertie deed de telefoon terug in zijn zak. 'Misschien beter van niet.'

'Kom op, Bertie.'

'Nee, echt... geloof me.'

Ze stonden tegenover elkaar en Kate keek hem smekend aan. Maar Bertie wendde zijn blik af en schraapte zorgvuldig de laatste restjes ei van het bord. Even dacht ze dat hij zelfs zou gaan afwassen maar toen pakte hij toch ineens zijn telefoon.

'Vooruit dan, maar *don't shoot the messenger*.'

Kate zag een kort shot van haar kotsend in de bak chips. *Eat that shit, bitch*, knipperde in grote letters eronder.

Kate staarde naar het scherm. 'Heel fout, zeg.'

'En hij gaat viral. Op Twitter, Insta…'

Ze gaf de telefoon direct terug. 'Ik ga douchen.'

'Moeten we niet iets doen? Een tegenreactie? Een eigen meme?'

Ze schudde haar hoofd en terwijl Bertie zwakjes protesteerde, liep Kate door naar de badkamer. Al sinds de dood van haar moeder wist ze dat in situaties waarin alles verloren lijkt, maar één ding echt helpt. Warm stromend water dat alle ellende van je rug afspoelt.

7

Kate draaide de voordeur op slot en dook dieper in de kraag van haar regenjas. Vorig jaar was ze nog opgetogen geweest toen ze deze antieke Burberry in een vintagewinkel om de hoek had gevonden. Vooral omdat er ook nog een dikke voering in zat. Maar nu met de ijzige wind baalde ze ervan. Een dikkere jas was alleen geen optie. Dit was haar incognito-outfit. Deze duffe regenjas paste totaal niet bij haar @kateseesyou-imago, waardoor ze redelijk anoniem over straat kon gaan. Voor de zekerheid had ze ook een tuttige Liberty-sjaal omgeknoopt.

Om de hoek stond een piano op straat met een groepje mensen eromheen. Voor de kerstdagen zongen ze hier *Christmas carols*, nu was het duidelijk tijd voor andere klassiekers. 'Imagine' van John Lennon werd vals maar met groot enthousiasme ingezet. Normaal was ze direct blijven staan. Het gevoel onderdeel te zijn van de wijk en samen met winkeliers, buren en restaurantpersoneel te zingen vond ze geruststellend. Nu dook ze snel achter de mensen langs in de hoop dat niemand haar zou herkennen.

Bertie had aangeboden te blijven, maar ze had van onder de douche continu geroepen dat ze echt alleen wilde zijn, tot hij uiteindelijk was afgedropen. Meer dan een half uur was ze onder de troostende stralen blijven staan, terwijl ze probeerde de afgelopen avond te reconstrueren. Maar er bleef een gat in haar herinnering. Ze had geen idee wat er na het incident met de nacho's was gebeurd. Had iemand haar naar de wc's begeleid? Wie had haar kleren schoongemaakt? Wanneer was Alistair verschenen? Hoe had hij haar thuis gekregen? En waarom had ze die stomme opmerking geplaatst?

Kate stapte over een plas waar een ijslaagje op was ontstaan en ging in de rij voor Origin Coffee staan. Ze haatte het om te wachten voor een kop koffie, maar hier maakten ze simpelweg de lekkerste macchiato. En dat had de rest van de wijk helaas ook ontdekt.

De wind gierde over straat en ze was blij toen de rij opschoof en ze in de luwte van de overkapping kon staan. De ramen van het café waren beslagen, zo druk was het binnen. Ze kon nog net zien dat mensen dicht op elkaar aan de kleine tafels zaten. Er werd veel gelachen en borden vol scones en muffins kwamen voorbij.

Kate trok haar sjaal dichter om zich heen en blies haar handen warm. Waar was het gisteren nou zo fout gegaan? Ze had toch echt niet te veel cocktails gedronken. En dan die heftige misselijkheid. Er klopte iets niet. En dan ook nog die afschuwelijke meme.

Niet dat ze het niet verdiende. Het was oprecht een vreselijke tekst. In de reacties die ze heel kort had gescand werd ze door het slijk gehaald. Ze was echt de ranzige journalist geworden waar ze altijd op had afgegeven.

Een harde klap klonk bij het raam en Kate schrok op. Evy hield haar gezicht dicht bij het glas, tikte er weer op en wees naar de lege stoel naast zich. Kate zwaaide gemaakt vrolijk terug maar bleef staan, ze had geen zin in de woordenstroom van haar buurvrouw. Maar Evy bleef wenken dat ze naar binnen moest komen.

Kate keek opnieuw langs de rij. Het zou nog zeker twintig minuten duren, dus voordringen met een excuus was eigenlijk toch niet zo'n gek idee. Ze knikte naar Evy dat ze er wel aankwam en verontschuldigde zich aan iedereen die ze passeerde.

'*Sorry, my friend is waiting inside. Thank you*. Sorry.'

Ze duwde de deur open en glipte naar binnen. Een rilling schoot over haar rug. De warmte, de vrolijke stemmen en zelfs de vertrouwde geur van koffie voelden als een directe aanslag op haar zintuigen. De kater leek haar kwetsbaarder te maken dan anders. Voordat een ober kon vragen wat ze wilde, liep ze naar Evy, die aan een tafeltje in de hoek zat.

'Mijn god.' Evy boog zich naar haar toe en trok meteen haar sjaal los. 'Wat zie je eruit.'

'Ook hallo.'

'Nee, maar echt. Je leek daarbuiten wel het meisje met de zwavelstokjes.'

Kate deed haar jas uit en verschoof haar stoel zo dat ze

met haar rug naar de rest van het café zat. 'Dat sprookje van Andersen? Stierf zij niet van de kou? Op de laatste dag van het jaar?'

'Precies.'

'Dat was ik niet van plan.' Ze brak een stuk van Evy's muffin. 'Maar een koffie zou helpen.'

Evy bestelde er twee en boog zich daarna naar haar toe. 'Wat is er gisteravond nou gebeurd?'

'Geen idee eigenlijk.' Kate haalde haar schouders op. 'Het is nogal *blurry*.'

Evy bleef haar recht aankijken terwijl ze een vlecht om haar vingers draaide. 'Tom vertelde dat je echt ver heen was. Dat hij je naar huis moest slepen.'

Kate bestuurde Evy's gezicht. Haar groene ogen leken op te lichten. Verzon ze dit ter plekke of had Tom haar dat wijsgemaakt? En waarom dan? 'Ik weet er niets meer van. Wat zei hij?'

Evy deed uitgebreid verslag van de avond, van de nacho's en haar uitzinnige dansmoves, tot Patrick. Tom had zijn vriendin duidelijk tot in detail ingelicht. Maar waarom loog hij dan over het thuisbrengen? Hij gebruikte haar vast als een smoes voor iets anders. Maar het was niet aan haar om daar tegen Evy over te beginnen. Of had Alistair haar misschien toch niet thuisgebracht? Dat wist ze zeker, toch? Verdorie, haar hoofd was nog steeds een hol vat.

De koffie werd achteloos voor haar neergezet. De bittere geur maakte haar onmiddellijk weer misselijk en ze duwde het kopje van zich af.

'Heeft Tom ook verteld over mijn post?' onderbrak ze Evy's verhaal.

Evy sloeg direct een hand voor haar mond. 'Jezus, ja, dat was ik bijna vergeten. Wat heb je gedaan?'

'Eerlijk...' Kate liet haar vingers over de marmeren tafel glijden. 'Geen idee.'

'En dan dat gifje! Niet normaal. Heb je de reacties gelezen?'

Haar buik kneep samen. 'Een paar. Is het erg?'

'Nogal.' Evy kneep haar lippen op elkaar.

'Wat dan?'

Evy schoof de rest van de muffin naar haar toe. 'Toe, eet eerst wat. Je ziet zo wit.'

'Kom op, Evy. Vertel.'

'Zeker weten?'

Kate knikte.

'Niet vergeten, hè,' zei Evy en ze pakte even haar handen vast. 'Het zijn maar een paar meninkjes.'

Kate knikte weer, maar wist dat ze dat beiden niet geloofden. 'Laat maar horen.'

'Veel vinden het je verdiende loon.' Evy liet haar vingers over het scherm glijden. 'Als gore paparazzo hoor je zelf in de shit te zitten, schrijven er een paar. Sommigen zeggen dat je dood moet en dat ze hopen dat je in je eigen kots stikt.' Haar buurvrouw keek weer op. 'Sorry. Zal ik ermee op...'

'Het maakt echt niet uit,' loog Kate. Haar handpalmen waren zweterig. 'Ga door.'

Evy scrolde verder. 'In deze thread noemen ze je zelfs verantwoordelijk.'

'Verantwoordelijk voor wat?'

'Noelles dood. Jouw foto zou haar tot een overdosis hebben gedreven.'

'Wie zegt dat?' Kate greep Evy's telefoon. 'Wie is @Takingthepiss16?'

'Weet ik veel. Jij bent de *social media bird*. Hij stuurde ook die meme rond.'

Kate las door. 'Hier noemt iemand me een kutwijf. Dat nog vandaag aan de hoogste boom opgehangen moet worden.'

'Jezus, dat is een directe bedreiging.'

Het geroezemoes om Kate heen leek ineens luider te worden. Haar oren suisden. 'Dit kunnen ze toch niet zomaar zeggen?'

'*Free press*, hè.' Evy nam haar telefoon terug. 'Zo te zien zijn veel mensen het ermee eens. Kijk, de likes lopen continu op. Tienduizenden al.'

'*It's a bloody mess.*'

Evy's wenkbrauwen waren in een diepe frons samengeknepen. 'Dat lijkt me de juiste samenvatting.'

'Zal ik dan nu...' begon Kate maar ze zweeg meteen. Ze had het gevoel dat mensen in het café doorkregen wie ze was. Achter haar werd met stoelen geschoven en ze zag de barman glimlachend zijn collega aanstoten. 'Ik denk dat ik beter kan gaan.'

'Wacht.' Evy pakte haar arm. 'Dit lijkt nu een drama.

Maar iedereen is dit zo weer vergeten. Morgen is het oud en nieuw. Dan gaan we gewoon feesten. Patrick vond je *fabulous*, en dan...'

'Nee.' Kate stond op en knoopte de sjaal om haar hoofd. '*I'm really gutted*. Ik moet dit proberen te fixen.'

Evy zakte wat onderuit en haar dikke buik plopte omhoog. 'Dat gaat je niet lukken. Deze storm moet vanzelf overwaaien.'

Hoewel Kate wist dat Evy ergens gelijk had, irriteerde de zelfgenoegzaamheid van deze jonge twintiger haar ook. Ze kon duidelijk nog helemaal niet inschatten wat reputatieschade betekende. En wist blijkbaar niet dat ook in het moderne Engeland je sociale status nog steeds totaal verwoest kon worden.

'Doe je de groeten aan Tom?' Kate knoopte haar Burberry tot bovenaan dicht. 'Ligt die trouwens nog uit te brakken in zijn bed?'

Even flitste er twijfel over Evy's gezicht. Maar toen glimlachte haar buurvrouw weer. 'Die hangt natuurlijk alweer uren in de gym. Wil superfit zijn voor ons feest. Je komt toch nog wel?'

'Misschien,' zei Kate opnieuw ontwijkend. 'Eerst bijkomen. Van alles.'

Ze gaf Evy een knuffel en liep daarna voorovergebogen naar buiten. De wind was nog venijniger geworden. Zonder dat iemand haar aansprak haalde ze de hoek van de straat, en ze wilde net bij de knipperbollen oversteken toen haar telefoon ging.

Benjamin. Hoewel ze nu echt niet op zijn woede en kritiek zat te wachten, besefte ze ook dat hem negeren alles zou verergeren.

'Wat is er?'

'We moeten praten.'

'Goh, wat een inzicht ineens.'

Benjamin schraapte zijn keel. 'Dit is serieus, Kate. Kun je naar de club komen?'

Nee, wilde ze roepen. No way dat ze door die eetzaal vol afkeurende blikken naar zijn tafel ging kruipen. Om vervolgens door hem en plein public afgebrand te worden. Maar ze wist ook dat ze geen alternatief had. 'Nu?'

'Ja, zo snel mogelijk.'

'Ik pak een cab.' Ze keek op haar horloge. 'Ik ben over twintig minuten bij je.'

8

'37 St James's Street, please.'

Kate schoof terug op de achterbank. Al jaren had ze dat adres niet meer hardop gezegd. Tijdens hun huwelijk kwam ze nog weleens bij St James's, de *gentlemens only club* waar de Burton-mannen al generaties lang lid van waren. Vrouwen waren alleen op uitnodiging welkom, wat haar irriteerde, maar de lunches waren lekker en vaak was het erg gezellig. Een plek waar je gegarandeerd vrienden tegenkwam.

Ze legde haar wang tegen het koude raam. Helaas was die vanzelfsprekende saamhorigheid om haar heen nu verder weg dan ooit. Ze was wel wat gewend met haar account, maar nu leek het of iedereen haar tegelijkertijd had uitgekotst. Ze kreeg nauwelijks steunbetuigingen en de meeste van haar vriendinnen negeerden haar appjes. Ergens begreep ze het ook nog wel. Wat zou het heerlijk zijn om Tracy nu dichtbij te hebben, die zou onverschrokken naast haar blijven staan.

De chauffeur reed net te snel de hoek om en Kate greep naar een handvat. Met moeite kon hij de lange rij voor het British Museum ontwijken. Ondertussen bleef haar telefoon op haar schoot maar door trillen. Ze had hem op stil gezet, de piepjes van de DM's maakten haar gek. Wat een bagger durfden mensen toch te posten. Dat ze werkelijk beweerden dat ze verantwoordelijk was voor iemands dood. Waar kwam dat idiote idee toch vandaan?

Kate maakte met haar adem een wolkje op het raam. En wie was die @Takingthepiss16? Tegen beter weten in pakte ze toch weer haar telefoon op, keek nog eens naar de meme en blokkeerde meteen het account. Niet dat het veel zou uitmaken, zijn posts waren nu echt duizenden keren gedeeld. Ze scrolde door, las dat meer mensen geloofden dat ze arme beroemdheden tot wanhoop had gedreven, toen ze ineens zag dat ze was getagd bij @gossipbitch, haar concurrent. Een foto van haar, net voordat ze de taxi in schoot, met haar sjaal wapperend om zich heen. *Run, bitch, run,* stond erbij. Haar hartslag schoot omhoog en ze keek achterom. Werd ze nu zelfs gevolgd?

Met een schok kwam de taxi voor een rood stoplicht tot stilstand. Kate schoot naar voren en stootte haar hoofd tegen de plastic afscheiding.

'Sorry *ma'am*,' zei de chauffeur via de achteruitkijkspiegel. '*But you should buckle up*.'

Kate wreef over haar pijnlijke voorhoofd, maakte daarna met trillende handen haar gordel vast en zag toen pas waar ze stonden. Om de hoek bij Soho Square Gardens. In dit parkje had ze met haar kleuterschool weleens tekenles gehad. Op die school kregen ze ook balletles, spraken ze als vijfjarigen Frans en zongen mee met klassieke liederen van conservatoriumstudenten.

Veel herinneringen had ze er niet meer aan, maar wel dat het allemaal erg posh was. Haar moeder vond het namelijk belangrijk dat ze met 'nice people' omging. Ze bedoelde natuurlijk ook van adel, net als de rest van hun Schotse familie. Haar moeder was er zo trots op dat haar enige dochter haar titel had kunnen erven. Maar haar vader wilde niet dat ze dat zo expliciet benoemde. Gelukkig werd het haar moeder bespaard hoe haar enige kind nu in Londen bekendstond.

Opnieuw keek Kate achterom. Ze zag alleen een wit bestelbusje staan. Niet iets wat @gossipbitch zou gebruiken. Meestal racete zij op een scooter door de stad, als ze tenminste op jacht was naar celebs. De chauffeur trok rustiger op en Kate ademde langzaam uit. De kans dat iemand haar nu nog op de hielen zat was niet zo groot.

Ze reden langs het Soho Theatre, waar ze in de beginjaren van hun huwelijk vaak met Benjamin naar comedyshows was gegaan. Resoluut draaide Kate haar blik weg van het raam. Verdorie, de stad was zo gevuld met herinneringen dat ze nergens meer kon schuilen voor haar eigen verleden. Of voor haar volgers. Misschien moest ze toch ingaan op haar vaders voorstel en naar Amsterdam verhuizen.

Maar terwijl de dubbeldekkers als een rood lint aan

haar voorbijtrokken wist ze dat die gedachte nooit werkelijkheid kon worden. Ze stopte haar telefoon in haar tas en kneep hard in haar handen. Alsof ze zo zichzelf meer kracht kon geven. Voorlopig zat ze hier gevangen tussen haar pijnlijke geschiedenis en een steeds dreigender toekomst.

'Here you are, ma'am.'

'Thank you, sir.' Kate hield haar creditcard tegen het schermpje, schoof uit de taxi en keek even over haar schouder, maar zag niemand. Met opgeheven hoofd liep ze naar het witte zandstenen gebouw, maar ze kon met moeite net op tijd een misselijkheidsgolf onderdrukken. Eigenlijk was ze fysiek helemaal niet in staat om gefileerd te worden door haar ex. En ze was vooral emotioneel niet sterk genoeg om in discussie te gaan over haar levensstijl. Toch liep ze de bordestrap op en duwde tegen de zware houten deur.

De portier stapte meteen op haar af. 'Lady Burton, welkom… ach, excuses… Lady Colins natuurlijk.'

'No worries George. We maken het ook onnodig ingewikkeld.' Ze gaf hem haar jas aan. 'Hoe is het met je?'

Hij gaf een knikje met zijn hoofd. 'Goed, hoor, milady.'

'En met je kleinzoon? William, toch?'

'Alles gaat prima thuis. En de *little lad*? Waarschijnlijk niet zo klein meer?'

'Alistair is al bijna groter dan zijn vader.' Ze lachte hardop en probeerde met haar handen haar haren in model te brengen, maar door de kou bleven de pieken slap om haar gezicht hangen. 'Is Lord Burton boven?'

'Op de tweede etage, ja, in de bibliotheek. De lord gebruikt zijn lunch vandaag bij het haardvuur. Een wijze beslissing met deze kou.'

'Absoluut,' zei Kate, terwijl ze naar de brede trap liep. 'Tot later, George.'

Haar oude gympen lieten sporen achter in het hoge tapijt en ze wenste weer dat ze normale schoenen had aangedaan. In combinatie met haar jumpsuit en spijkerjackje viel ze hier nu extreem uit de toon.

De eetzaal was redelijk gevuld en ze was opgelucht dat ze daar niet naar binnen hoefde te lopen. Ook in de biljartkamer was het druk, waarschijnlijk waren veel kantoren tussen kerst en oud en nieuw gesloten en vonden hier nu de zakelijke besprekingen plaats. Ze volgde de eikenhouten lambriseringen naar het eind van de gang en zag Benjamin zitten in een leunstoel voor de haard. Zijn donkere krullen staken boven de leuning uit en ze herkende zijn zwarte veterschoenen. Handgemaakt door John Lobb, het bedrijf waar ook koning Charles zijn schoenen liet maken.

In de kamer hing de geur van de stoffige boeken die alle wanden tot het plafond bedekten en vanuit verschillende zitjes klonken gedempte gesprekken. Gelukkig herkende ze niemand.

'En? Wat was zo urgent?' vroeg ze, terwijl ze om Benjamin heen liep naar de stoel naast hem. Pas toen zag ze dat daar al iemand zat. 'O, Lynn, ook hallo.'

‘Kate, darling. Hoe is het?’ Benjamins vriendin stond meteen op en gaf haar een knuffel. Kate rook haar zware muskachtige parfum en voelde de plakkerige rode lipstick op haar wang. ‘Goede kerst gehad?’

‘Rustig, maar goed,’ zei Kate en ze trok snel haar kraag recht. Lynn straalde natuurlijk weer in een chique suède jurk met hoge laarzen. Keurig afgestemd op haar bruine ogen en donkere haren. ‘Zal ik er een stoel bij schuiven?’

‘Laat mij maar,’ zei Benjamin die meteen opstond, maar haar niet begroette. Na wat heen en weer geschuif zaten ze uiteindelijk in een driehoek voor de haard. Benjamin bestelde thee en sandwiches en leunde naar voren. ‘Wat zie je eruit. Heb je gevochten?’

‘Hoezo?’

Hij wees naar haar voorhoofd. ‘Die bult, je hebt rode ogen…’

‘Ongelukje in de taxi,’ viel Kate hem snel in de rede.

‘Wat een matig excuus.’

Kate wilde roepen dat ze nog nooit tegen hem had gelogen, maar ze knikte alleen. Op een discussie over geschonden vertrouwen zat nu niemand te wachten.

‘Heb je social media gevolgd?’ ging hij verder zonder haar aan te kijken.

Ze zuchtte, maar was blij dat hij niet opnieuw over haar escapades begon. ‘Natuurlijk. Geen ontkomen aan.’

‘Dan weet je ook van de suggestie dat jij de kwade genius bent?’ Zijn stem klonk vlak, bijna emotieloos. Zoals ze hem vaak in de rechtbank had horen pleiten.

Ze knikte weer.

'En dat je Noelle tot zelfmoord aangezet zou hebben.'

'Dat ook, ja.'

Ze had zich misschien moeten verontschuldigen en uitleggen wat er was gebeurd. Maar ze had geen zin om nederig te zijn waar Lynn bij was. Dat Benjamin zijn nieuwe liefde had uitgenodigd was al ongemakkelijk genoeg, maar hij kon toch niet verwachten dat ze in haar buurt ook nog eens diep door het stof ging.

Kate rechtte haar rug. 'Allemaal absurd natuurlijk.'

'Eens.'

'Die foto van Noelle ging ver, maar er zijn wel ergere beelden in de pers verschenen.'

Benjamin verstarde. 'Dat zie ik anders. Maar goed, daar wil ik het nu niet over hebben.'

Een jonge bediende kwam met een zilveren blad vol kopjes aanlopen en Benjamin wachtte tot de thee was geserveerd. De warme kleuren van de vlammen van de haard verzachtten de harde lijnen in zijn gezicht, maar zijn kaak bleef strak en ze zag dat hij moeite had zijn woede in te houden.

'Als bekend actrice begrijp ik je zorg anders verdraaid goed, hoor,' begon Lynn toen ze een kopje kreeg aangereikt. 'Jouw reputatie is natuurlijk uitermate belangrijk. En de schade is nu zo aanzienlijk.'

Misschien had Lynn het wel aardig bedoeld, maar met haar aangeleerde bekakte accent klonk ze vooral neerbuigend. Kate had haar er graag fijntjes op gewezen dat een figurant in reclames niet hetzelfde was als een beroemde actrice en dat ze dus haar mond moest houden over reputatieschade, maar ze wist dat Benjamin dan echt zou ontploffen. Daarom knikte ze alleen weer.

'Dit is nu totaal niet ter zake doende,' zei Benjamin met zijn strenge advocatenstem, maar hij legde daarna snel zijn hand op die van Lynn. 'Sorry, lieverd, maar ik bedoel dat we ernstiger zaken te bespreken hebben.'

Lynn glimlachte flauwtjes. 'Je hebt natuurlijk gelijk, schat.'

'Het gaat namelijk om Alistair,' zei Benjamin.

Ondanks de warmte van de vlammen gleed een rilling over Kates rug. 'Is er iets gebeurd? Is hij...'

'Met hem zelf is niets aan de hand.' Benjamin klakte met zijn tong. 'Maar hij heeft zich nu echt misdragen. Vertel jij het maar, lieverd.'

Lynn ging rechterop zitten. 'Nou, ik had die socialmediastorm dus gevolgd. Ik vind het namelijk zo oneerlijk hoe je meteen werd gecanceld. Vooral die @Takingthepiss16 was heel venijnig. Zijn opmerkingen gingen direct viral. Dat heb ik je nog laten zien toch schat?'

Benjamin knikte net te driftig. Kate herkende zijn ongeduldige blik.

'En toen Bennie een wandelingetje ging maken, ben ik dus zijn kamer gaan opruimen.'

'Die van Alistair,' vulde Benjamin vlug aan.

'Precies ja, vuile was verzamelen en zo. Wat een bende kunnen pubers toch maken.' Lynn rolde even met haar ogen. Kate wilde vragen waarom zij in godsnaam de vuile was van háár zoon deed, maar voelde dezelfde ongedurigheid als Benjamin en zweeg.

'En toen vond ik ineens een telefoon in zijn broekzak. Ik was natuurlijk verbaasd, want die heeft hij normaal eigenlijk altijd bij zich, maar dit was een andere, een goedkope prepaid. Je weet wel, zo'n fout Chinees model...'

Kate knikte tegelijk met Benjamin, die met een ongeduldige handbeweging duidelijk maakte dat Lynn snel door moest gaan.

'Daar zit niet eens een beveiligingscode op.' Lynn trok haar wenkbrauwen samen in een poging bezorgd over te komen. 'En die telefoon stond gewoon nog aan. Dus toen viel het me op dat Twitter nog geopend was. En toen zag ik het.'

'Nou, vertel dan.' Kate kon haar irritatie nauwelijks beheersen. 'Wat zag je dan precies?'

'Het profiel en...'

'@Takingthepiss16,' onderbrak Benjamin haar opnieuw. 'Dat profiel... dat is Alistair.'

9

'Pap?'

'Hé *pumpkin*. Hoe is het?

'Goed hoor.' Kate zwaaide naar het scherm. 'Koud hier.'

'Waar sta je?'

Ze draaide de camera om en filmde de lichtjes van de London Eye met daarvoor het donkere water van de rivier. 'Ik loop langs de Thames.'

'Dat kan ik helaas niet meer goed zien. Te donker en te vaag voor mij. Waarom ben je niet lekker binnen?'

Kate liet zich op een houten bankje zakken. 'Ik wilde even een frisse neus halen.'

'Wat is er?' Hij bracht zijn gezicht dichter bij het scherm. 'Belde je ergens voor?'

'Nee hoor, niets bijzonders, ik wilde je gewoon een goede jaarwisseling wensen.'

'Doen we dat ook al?' Haar vader zette zijn bril hoger op zijn neus. 'Jij ook, hoor, schat. Maar ik hoor dat er iets anders is. Ben je ziek?'

Ze schudde haar hoofd. 'Nee, alleen een beetje moe.'

'Eh... volgens mij is er toch meer.'

Ze staarde naar het water. 'Ik wilde alleen even je stem horen.'

'Kathleen Elisabeth Colins... Ik ken je. Er speelt iets.'

'Echt niet, pap.'

Ze had niet moeten bellen. Natuurlijk had hij haar door, maar ze kon het hem niet vertellen. Het zou zijn hart breken. Dat zijn enige kleinzoon tot zoiets in staat zou zijn. Eigenlijk kon ze het zelf ook nauwelijks bevatten.

'Mij hou je niet voor de gek, maar het is ook goed als je het niet wilt zeggen.'

Kate slikte. Die warme stem, zijn oneindige begrip, zijn lieve woorden. Ze had echt de beste vader die er was en zelf had ze er een zooitje van gemaakt. 'Nou pap, fijne oud en nieuw. Je gaat naar de buren, toch?'

Hij begon te vertellen over de salade die hij zou meenemen en dat hij dit jaar geen vuurwerk ging kopen maar wel in de rij had gestaan voor de oliebollen. Ondertussen kwamen er twee jonge vrouwen gearmd aangelopen. Ze waren druk in gesprek, maar stonden ineens vlak voor haar stil en keken haar recht aan. Snel trok Kate haar sjaal over haar haren, maar het was al te laat. Diegene met de rode muts begon luidruchtige kokhalsgeluiden te maken en boog zich voorover alsof ze moest overgeven. Daarna liepen ze giechelend weer door.

'Wat was dat?' vroeg haar vader.

'Niets pap, gewoon iemand die moest hoesten.'

'Whatever dear.' Haar vader schoot in de lach. 'Maar ik zou snel naar binnen gaan, straks krijg je nog een longontsteking met die kou.'

Ze nam afscheid en hing op, maar ze bleef naar haar scherm kijken. Drie appjes had Alistair al gestuurd. Elke keer met dezelfde boodschap. Hij vond het zo erg, duizend keer sorry en of ze hem snel wilde bellen.

Misschien meende haar zoon het wel, maar ze kon het nu nog niet aan om hem te spreken. Dat hij het had gedaan was één ding. Dat kon ze nog afdoen als een stomme pubergrap. Maar het ergste was dat hij het had verzwegen. Zelfs toen bleek dat zijn meme en die nare opmerkingen volkomen viral gingen, had hij niets gezegd. Pas nadat Lynn het had ontdekt, had hij het toegegeven. Ze wist gewoon niet hoe ze op zo'n laffe actie moest reageren.

Kate stopte haar telefoon weg, stond op en wilde doorlopen toen ze verderop langs de kade een man naar haar zag staren. Demonstratief knoopte ze haar sjaal strakker vast en liep de andere kant op. Hoelang ging dit in godsnaam nog duren? Ze kon niet wachten tot mensen het zouden vergeten, zoals Evy had voorspeld.

Via de trappen bij de Jubilee Bridge liep ze over het drukke kruispunt naar het metrostation bij de Embankment. Ze had het gevoel dat de man haar was gevolgd, maar toen ze zich omdraaide zag ze hem nergens meer. De straatlantaarns schoten aan en ook de kerstetalages van de winkeltjes onder de brede arcade waren al verlicht.

Het was nog niet eens borreltijd, maar het begon nu al te schemeren.

Eigenlijk kon ze maar beter meteen haar bed in duiken. Misschien zag het er morgen allemaal iets minder ellendig uit en wist ze ook beter wat ze met Alistair aan moest.

Kate versnelde haar pas door het metrostation en net toen ze de roltrap wilde nemen, ging haar telefoon. Louise. Ze had de neiging haar ex-schoonmoeder weg te drukken, maar wist ook dat ze net zo lang zou blijven bellen totdat ze wel zou opnemen.

'Dag, Louise.'

'Katie, wat een bende, hè?' Louise klakte hard met haar tong, net als haar zoon vaak deed als hij gestrest was. 'Ons joch heeft het nu wel erg bont gemaakt.'

'Benjamin heeft je dus alles verteld?'

'Sterker nog, Ben heeft Ali net op de trein gezet naar ons. Hij dacht dat de rust en regelmaat op Barnham Court hem wel zou helpen.'

'Goed idee.' Kate wachtte bovenaan de roltrap. 'Maar ik wist van niets.'

Louise zuchtte. 'Dat dacht ik al.'

'Weet je, ik ben net weggerend uit de club. Meteen nadat Benjamin het me had verteld. Heel kinderachtig, maar ik kon de situatie totaal niet aan.'

'Dat hoorde ik al.'

Even was het stil. Kate liet een groep toeristen voorgaan die een vrouw met een omhooggestoken paraplu volgden.

'Eerlijk gezegd,' begon Louise uiteindelijk. 'Ik vond het

ook erg onverstandig van Ben dat hij Lynn mee had genomen. Dat heb ik hem heel duidelijk gezegd. Dit was iets tussen jullie, als ouders.'

Nu pas voelde Kate tranen opwellen. Het begrip van haar ex-schoonmoeder was als een warme hand op haar schouder. Ze slikte ze snel weg. 'Dat is lief van je. Heeft Ben toevallig ook verteld waarom Alistair het heeft gedaan?'

'Volgens mij had het iets te maken met je strenge uitgaansbeleid. Maar weet je, lieverd, daar heeft het natuurlijk uiteindelijk niets mee te maken. Hij is gewoon een ellendige puber. Hij zet zich af tegen diegene die het dichtst bij hem staat en jij bent na de scheiding de meest constante factor in zijn leven geweest. Bij jou voelt hij zich veilig genoeg om zo vervelend te kunnen zijn. En dat is eigenlijk heel positief.'

Nu liepen de tranen echt over Kates wangen. Louise was haar altijd blijven steunen, ook na de scheiding. Ze vond dat haar zoon een gigantische fout had gemaakt met Lynn en schroomde niet dat vaak uit te spreken.

'Misschien... wel ja,' hakkelde Kate. 'Maar toch... wat moet ik doen?'

'Niets, doe maar even helemaal niets. Laat ons hem eerst terug in het gareel krijgen. Zijn grootvader heeft daar een uitgelezen talent voor.'

Kate lachte door haar tranen heen. Het tegendeel was waar. Bernard was een totale chaoot, die als biologieprofessor internationaal furore had gemaakt maar voor de rest totaal afhankelijk was van zijn vrouw. Routine, netheid en regels waren hem volkomen vreemd. Maar hij had wel een goede band met zijn enige kleinzoon en nam hem vaak mee op lange hikes. 'Buiten zijn zal Alistair goeddoen.'

'Absoluut, en dat geeft jou de tijd om die ellende met je werk te herstellen.'

Kate veegde haar wangen droog en gaf een kus door de telefoon. 'Dank je, Louise, ik ga mijn best doen.'

Ze praten nog wat na over de komende jaarwisseling en nadat ze hadden opgehangen, stuurde Kate Alistair direct een berichtje. 'Alles goed in de trein? Bel me maar als je op Barnham bent. Dan praten we verder.'

Meteen kreeg ze een hartje als reactie terug. Ze glimlachte en wilde de roltrap af lopen toen ze opnieuw het gevoel kreeg dat ze werd gevolgd. Zo onopvallend mogelijk deed ze een stap naar achter en rommelde wat in haar tas. Ineens draaide ze zich om en dacht iemand achter een reclamebord weg te zien schieten. Ze had niet eens kunnen zien of het een man of een vrouw was. Ging ze nu overal rare mensen zien, alleen omdat ze even onder vuur lag op social media? Wat een onzin.

Kate ademde diep in en voegde zich alsnog bij de lange rij op de roltrap. Bertie had volkomen gelijk, ze moesten met een tegenactie komen. Geen reactie op de meme, maar een eigen grap. Het liefst waarin ze zichzelf belachelijk maakten. Zelfspot werkte bij de Britten toch altijd nog het beste.

Terwijl ze naar perron twee liep om op de Circle Line te stappen belde ze Bertie.

'Luister, ik heb een plan,' begon ze meteen toen hij opnam.

'Voordat je verdergaat,' onderbrak Bertie haar. 'Ik heb ondanks alles toch goed nieuws. Je zult het niet geloven, maar we hebben er vandaag bijna zestigduizend volgers bij gekregen.'

'Wat? In die paar uur?' zei ze zo hard dat mensen op het perron geïrriteerd opkeken. 'Alleen door die stomme meme?'

'*Bad news sells.*'

'En dat alleen maar omdat de amygdala altijd op zoek is naar iets om te vrezen,' mompelde ze terwijl ze de metro in stapte.

'Wat zei je?' vroeg Bertie, maar hij wachtte niet op haar antwoord. 'Ik begrijp dat de aanleiding *nasty* is, *but blast it*, dit is wel heel cool, hoor. We hebben nu 1,1 miljoen volgers. We moeten die @Takingthepiss16 eigenlijk dankbaar zijn.'

Kate reageerde niet meteen. Ze had met Benjamin afgesproken niet naar buiten te brengen dat hun zoon achter het account zat. Maar het zou niet makkelijk zijn om het voor Bertie geheim te houden.

'Dan moeten we die extra aandacht ook maar meteen gebruiken,' zei ze toen de metro schokkend in beweging kwam. 'Ik vind dat we zelf ook een meme moeten maken. Wel echt een geestige. Een hilarisch excuus, zeg maar.

Waarmee we ook meteen die eikels van @gossipbitch voor kunnen zijn. Wat vind je? Bertie?'

Pas toen ze geen reactie kreeg, zag ze dat ze geen verbinding meer had. Ze was verdwenen in de digitale woestijn van de undergound.

10

Kate lag op haar rug op Alistairs bed en keek naar de fluorescerende sterren op het plafond. Die had ze samen met hem erop geplakt, het weekend dat ze hier kwamen wonen. Zodat hij zich ook als hij 's nachts wakker werd veilig zou voelen. Dertien was hij toen, de moeilijkste leeftijd voor jongens om hun vader uit hun leven te zien verdwijnen. In het begin woonde hij vooral bij haar, Benjamin was toen nog bezig zijn liefdesnestje te bouwen. Hij had een huis gekocht aan Holland Park, midden in Notting Hill. Fysiek was er meer dan genoeg ruimte, maar emotioneel was er voor Alistair in die tijd geen plaats. Ze had echt haar best gedaan om dat gat op te vullen, maar Alistair had die indirecte afwijzing natuurlijk wel gevoeld.

De vader-zoonrelatie had er uiteindelijk niet onder geleden maar Louise had wel gelijk dat die periode een kras in Alistairs ziel had gemaakt. Voor zijn vaders aandacht moest hij blijkbaar moeite doen, maar die van haar was vanzelfsprekend en was hij dus niet bang om te verliezen.

En hoewel het misschien logisch klonk, het was niet makkelijk om zijn emotionele boksbal te zijn.

Ze knipte het licht weer aan, deed haar oortjes in en belde haar zoon.

'Mama,' zei hij alleen toen hij opnam.

'Inderdaad, Alistair Burton.' Ze probeerde streng te klinken maar was vooral blij zijn stem te horen. 'Volgens mij heb je wat uit te leggen.'

'Ik loop even naar de serre.'

Ze hoorde de geluiden van de keuken op de achtergrond. De zware stem van Estella die al decennialang de familie Burton van heerlijk eten voorzag, de rammelende afzuigkap boven het antieke Aga-fornuis en de diepe blaf van Buddy, de bruine labrador. Het zou heerlijk zijn om daar nu ook aan te schuiven en zich te nestelen in de vanzelfsprekende gezelligheid.

'Jeetje, wat is het hier koud.' Alistair zette zijn camera aan. 'Kijk, opa heeft een soort oerwoud gemaakt.'

En tegen al haar voornemens in schoot Kate in de lach. De ronde ruimte stond vol palmen, orchideeën en middenin stond de kooi met Arnold, de oude halsbandparkiet. 'Nou, in de kou gaat de jungle het niet lang volhouden.'

'Dat zei ik ook al tegen opa.' Alistair liet zich op een rotanstoel zakken. 'Maar de radiatoren schijnen hier doorgeroest te zijn.'

'Waarom verbaast me dat niet?'

Nu lachte Alistair ook en even voelde ze de verbinding

weer. Precies het juiste moment om het gesprek aan te gaan.

'Maar alles goed en wel,' begon ze rustig. 'Je begrijpt waarom ik bel. Ik ben echt geraakt door wat er is gebeurd. En boos.'

Alistair knikte, maar zei niets.

'Je schreef dat het je spijt, en terecht ook,' ging ze verder. 'Maar er blijft me iets dwarszitten. Waarom heb je het überhaupt gedaan?'

Meteen zag ze dat zijn blik naar binnen keerde. Net als bij Benjamin als hij niet verder wilde praten. Meestal was dat uit schaamte, soms uit irritatie.

'Weet ik veel,' zei hij zacht.

'Daar kom je nu niet mee weg. Ik wil echt een verklaring.'

Alistair stond weer op. 'Je was irritant.'

'Herkenbaar. Jij kan ook heel vervelend zijn. Maar ik zet je niet publiekelijk voor schut.'

'Je was niet normaal irritant,' zei hij, terwijl hij rondjes door de serre begon te lopen.

'Alleen omdat je niet uit mocht? Als zestienjarige heb je niet automatisch recht op...'

'Nee, dat was het niet.' Alistair stond ineens stil. 'In die bar, die avond... je was zo belachelijk dronken.'

Haar buik kneep samen. 'Je hebt gelijk. Ik weet echt niet meer wat daar is gebeurd. Ik had drie cocktails gedronken. Iets te veel, maar dat verklaart niet waarom ik zo misselijk werd.'

'Wat een klote-excuus.'

'Dat zeg je niet tegen je moeder.' Ze hoorde haar stem alweer omhoogschieten. 'En al was ik stomdronken, dan nog heb jij geen enkel recht om zo'n filmpje te plaatsen. En al helemaal niet om te suggereren dat mijn foto tot de dood van Noelle heeft geleid. Die arme vrouw. Hoe kom je daar in godsnaam bij? Dat is echt onacceptabel.'

Alistair sloeg zijn ogen neer. 'Dat spijt me ook.'

Ze zwegen samen en Kate voelde haar slapen kloppen. Ze had rustig willen blijven, maar nu was ze toch weer boos geworden. Zij moest de verstandigste zijn.

'Excuses aanvaard,' zei ze ten slotte. 'Maar dan moet je wel uitleggen hoe je het hebt gedaan.'

Eerst schoorvoetend, daarna uitgebreid vertellend kwam het hele verhaal eruit. Dat toen hij haar naar huis had gebracht, hij op haar telefoon in haar account had gekeken en de eerste nare berichten over Sally namens haar had geschreven. Daarna had hij die prepaid van Jamie geleend en dat rare account aangemaakt.

'Toen ik eenmaal bezig was, kon ik eigenlijk niet meer stoppen,' besloot hij.

'En toen die troep vanochtend zo extreem viral ging, waarom heb je het toen niet meteen opgebiecht?'

'Ik hoopte dat het vanzelf overging.'

Die kop-in-het-zand-mentaliteit kwam veel bij pubers voor, had ze gelezen. Daar nu boos over worden had dus bar weinig zin. Op deze leeftijd konden ze echt nog niet de bredere context en consequenties van hun acties overzien.

'Dan is het maar goed dat Lynn het heeft ontdekt,' zei ze uiteindelijk en ze zag dat Alistair zelf ook opgelucht knikte. 'Ik heb er lang over nagedacht, Alistair. En ik ben nog misselijk van wat je hebt gedaan. Maar zoals je lieve grootvader Bernard ook altijd zegt: "*No use crying over spilt milk.*" Het heeft geen zin om hier te lang bij stil te blijven staan. We laten het achter ons, maar ik wil echt dat zoiets nooit meer gebeurt. Als je de volgende keer iets stoms doet, zeg je het gewoon eerlijk.'

Alistair knikte opnieuw. 'Beloofd.'

'Om het goed te maken kun je me helpen.'

Kate legde haar plan uit. 'Als de meme klaar is, wil jij dan beoordelen of die echt grappig is?'

Alistair keek op en ze zag zijn ogen oplichten. 'Maar dan ben ik wel sick eerlijk.'

'Ik zou niet anders willen.'

'Oké.' Hij liep naar de gang. 'Dan ga ik nu Estella's taart opeten.'

Kate keek naar de ingevallen wangen van haar zoon. Hij was de laatste tijd echt dunner geworden. 'Neem meteen maar twee stukken. Je kan wel wat kilo's gebruiken.'

'Nou, dag hoor mam… en nog een keer echt sorry.'

'Wacht even, nog één ding.'

'Wat?'

'Wat deed je gisteren eigenlijk in die cocktailbar?'

'Die vraag heb je me helemaal nog niet gesteld.'

Ze ging rechterop zitten. 'Zeker wel. Toen ik je daar zag.'

'Dat je je dat nog herinnert.'

'Alistair...'

Hij rolde met zijn ogen. 'Jamie wilde per se gaan, en ik wilde hem niet te teleurstellen.'

Voor het eerst tijdens het gesprek zag ze dat hij loog. Maar ze wist ook dat ze er nu verder niet op door moest vragen. Ze was vanavond al ver met hem gekomen, zonder gillende ruzie of verwoestende verwijten. Het was nu belangrijker om dat contact goed te houden dan dat elk detail klopte.

'Dat zal wel, maar ik wil het niet meer hebben. Als ik nog eens een avond uitgaan verbied, ga je niet stiekem toch,' besloot ze zo krachtig mogelijk. 'Voorlopig kan het trouwens ook niet. De komende twee weken heb je huisarrest.'

Zijn ogen sperden open. 'Mam!'

'Geen enkele discussie meer mogelijk.'

'Echt, doe normaal, mam.'

'En je geeft je telefoon nu aan oma. Tot je weer naar huis gaat, let zij erop.'

Alistair liet zijn schouders hangen. 'Dat had pap ook al gezegd.'

'Precies, we zijn nog steeds samen jouw ouders.'

Hij veerde wat op. 'Nou, misschien begrijp ik het ook wel een beetje.'

'Goed zo.'

'Dan ga ik hier maar veel wandelen met opa.'

'Dat is het verstandigste wat ik vanavond heb gehoord.'

Ze namen afscheid en Kate liet zich terug in de kussens

zakken. Het was op papier een goed gesprek geweest en ze had het gevoel dat ze Alistair echt wel had bereikt, maar ze wist ook dat het laatste woord over gisteravond nog niet was gezegd. Er waren nog te veel openstaande vragen en de eventuele gevolgen voor haar werk waren nu nog niet te overzien.

Zonder nog een keer haar socials, met vast weer nieuwe nare reacties, te checken, zette ze haar telefoon op stil, deed hem terug in haar zak en trok het dekbed over zich heen. Eigenlijk moest ze nu wel aan de slag en Bertie met het filmpje helpen, maar ze moest ook even bijkomen. Een uurtje slapen was genoeg. Emoties vraten energie en vandaag was ze toch al niet zo fit. Bovendien zat het paranoïde gevoel dat ze maar niet kon afschudden haar dwars. Ze wist dat door heftig slaapgebrek achtervolgingswaanzin kon ontstaan en zo opgejaagd als nu had ze zich nog nooit gevoeld.

11

Kate schrok wakker. Ze had een droge mond, haar haren plakten in haar nek en haar rug was helemaal bezweet. De kamer was pikdonker. Het duurde even voordat ze zich had georiënteerd. Ja, ze lag nog steeds in Alistairs bed. De rode cijfers op de wekker gaven aan dat het half vier was. Dan had ze in één ruk zeven uur achter elkaar geslapen. Toch was ze nog steeds moe, en ze draaide zich om zodat ze verder kon slapen.

Vlak voordat ze weer wegzakte, hoorde ze gestommel. Voetstappen leken de trap af te verdwijnen in het centrale trappenhuis. Ergens werd een deur dichtgegooid.

Het was een oud herenhuis waar ze een paar jaar geleden vier moderne appartementen in hadden gemaakt, maar ze leken vergeten te zijn om de vloeren te isoleren. Normaal vond ze het niet erg dat het allemaal wat gehorig was, het gaf haar eigenlijk wel een veilig gevoel om te weten dat ze niet alleen was. Maar nu schoot verdorie haar hartslag meteen weer omhoog.

Ze moest zich niet gek laten maken. Dit waren waarschijnlijk gewoon Evy en Tom die thuiskwamen van een feest. Die waren wel vaker heel laat. Bovendien, wie van haar volgers zou haar thuis willen opzoeken, als ze haar adres al konden vinden. Dat paranoïde gezeur moest nu maar eens afgelopen zijn.

Kate strekte haar armen wijd uit en ademde diep in. Waarschijnlijk hoorde ze zo meteen voetstappen boven zich. Van Tom die nog een afzakkertje nam of Evy die ging douchen. Haar bovenbuurvrouw had weleens uitgelegd dat ze een open relatie hadden. Daarom was het nog vreemder eigenlijk dat Tom had gelogen over het verloop van de avond bij Callooh. Hij hoefde toch geen excuus te verzinnen voor een feestje dat uit de hand was gelopen? Misschien omdat ze toch vaker met z'n tweeën op pad gingen sinds Evy zwanger was, en hun afspraken dus veranderd waren.

Kate luisterde even, maar het bleef verrassend stil boven haar. Plotseling hoorde ze opnieuw geluiden uit de centrale hal. Het leek nu echt vlak bij haar deur te zijn. Ze deed het bedlampje aan. Shit, rammelde er nu iemand aan haar slot? Haar ademhaling versnelde.

'Wie is daar?' riep ze.

Meteen gleed ze uit bed, liep extra hard stampend naar de gang en deed snel alle lampen aan. 'Hallo? Is daar iemand?'

Even leek het alsof haar voordeur bewoog. De vloer kraakte. Liep er iemand weg? Zag ze onder de deur door een schaduw wegschieten?

Kate bleef doodstil staan, maar hoorde nu geen enkel geluid meer. Alleen haar eigen gehijg klonk hard in haar oren. Ze probeerde steeds langzamer te ademen en haar hartslag onder controle te krijgen. Pas toen ze rustiger was geworden en zeker wist dat er echt nergens meer lawaai klonk, liep ze naar de deur en keek door het spionnetje.

De gang was leeg. Ze draaide aan het slot. Nog steeds muurvast. Ook de bovenste klem was gewoon gesloten.

Verdorie, had ze het zich nu weer ingebeeld? Dit is wat angst met je doet, zei ze streng tegen zichzelf. Kennelijk werd je ook in real life opgefokt als mensen je online bedreigden. Ze hopen dat je in je eigen kots stikt, hoorde ze Evy weer voorlezen. Zouden ze echt wensen dat ze doodging? Hoe ver zouden ze daarin gaan? Misschien wel letterlijk tot aan haar voordeur.

Kate liep naar de keuken en zette thee. Volgens haar moeder het Britse medicijn voor alle problemen. Kate wist zeker dat het vanavond niet zou werken, maar nu weer proberen te slapen zou toch ook niet lukken. Met de warme kop in haar hand liep ze naar het raam en ging in de vensterbank zitten. Zelfs in het gelige licht van de straatlantaarns zag ze dat het koud was buiten. Niets bewoog, het leek wel alsof de lucht was bevroren. Op wat taxi's na was de straat verlaten en alleen uit de pub verderop kwam geluid. Ze herkende een remix van Coldplay die overstemd werd door dronken gebral.

Dit was haar stad. Hier had ze als kind gewoond en was ze later na haar studententijd teruggekomen. Hier was haar hart gestolen en later gebroken en hier iets verderop in The Portland Hospital was ze moeder geworden. Elke steeg, *mews house*, museum, restaurant, pub leek zich in haar lichaam te hebben genesteld.

Maar ze was ook Amsterdams gebleven. In haar pubertijd had ze eindeloos door die stad gezworven. Het Barlaeus Gymnasium, The Stones in Paradiso, met haar eigen bootje op de grachten en vijf gestolen fietsen. Op beide plekken was ze thuis.

Eigenlijk paste die dubbele identiteit heel goed bij haar. Wel op haar gemak, maar toch net genoeg afstand om alles goed te kunnen observeren. Een van de redenen waarom ze zo'n goede journalist was geworden. Ze bleef altijd met een bepaalde distantie naar de maatschappij kijken.

Misschien was het daarom wel beter om terug te gaan naar die andere helft van haar identiteit, bedacht ze terwijl ze naar twee duiven keek die om de beurt in een frietzakje pikten. Samen met Alistair kon ze zich weer settelen aan de Leliegracht, en met een verse blik naar Nederland kijken. Veranderingen brachten voor haar vaak nieuwe creativiteit met zich mee. En Alistair zou leren om zich aan te passen, wat hem misschien wel wat flegmatieker zou maken.

Vanuit haar ooghoek zag ze twee jongens met hoody's en donkere sjaals gehaast de straat oversteken en ze boog zich wat naar voren. Een van hen deed zijn rugzak af en ze gingen samen vlak voor een pinautomaat staan. Was ze hier nou getuige van een kraak?

Kate haalde haar telefoon uit haar zak en begon van achter het gordijn te filmen. In het gelige licht was niet goed te zien wat de twee deden, maar ineens klom de kleinste op de schouders van de ander en met grote armgebaren spoot hij razendsnel met een spuitbus op de kale muur van de HSBC-bank. Het duurde maar een paar minuten maar al snel verscheen het gezicht van wijlen koningin Elizabeth. En profil, net zoals op de postzegels. '*We miss you QE2*,' stond eronder. Ze schoot in de lach en voordat ze het wist waren de jongens alweer verdwenen.

Nee, ze kon hier niet vertrekken. Vanwege Benjamin natuurlijk. Ze kon hem niet van zijn zoon beroven. Maar ook vanwege dit soort rare dingen. In deze stad gebeurde altijd iets. Londen gaf nog zoveel energie. Bovendien wilde ze niet vluchten. Ze had wel vaker angstige situaties meegemaakt en was toen gewoon stug doorgegaan. Nu moest ze zich ook niet zo op de kop laten zitten.

Kate zette haar camera uit en opende haar socials. Meteen zag ze dat ze nog meer volgers op Instagram hadden, het waren er bijna 1,2 miljoen nu. En TikTok haalde de achthonderdduizend. Bertie zou vast buiten zinnen zijn. Ze scrolde langs haar feed en zag zichzelf weer naast Madonna staan. Alleen nu leek het alsof ze in plaats van het V-teken, lachend een bakje nacho's in haar hand hield. Was dat wat Bertie van hun ultieme revanchememe had gemaakt? Dit was verschrikkelijk. Zo cheesy. Waarom had Bertie het niet met haar afgestemd?

Natuurlijk kon ze hem nu niet bereiken. Het was nog

niet eens vier uur. Fronsend tikte ze weer op de post. Zo te zien was hij nu al meer dan duizend keer gedeeld.

Meer uit frustratie dan dat ze echt verwachtte hem te pakken te krijgen, belde ze Bertie toch. Tot haar verrassing nam hij meteen op.

'Hoe kon je?' brieste ze in haar telefoon. 'Dit is echt heel stom van je.'

'Hè? Wat? Kate, ben jij dit?'

'Natuurlijk ben ik dit. En ik kan niet geloven dat je dit hebt gedaan. Je hebt ons nu echt volkomen belachelijk gemaakt.'

'Laat me even wakker worden.' Hij kuchte een paar keer. 'Waar gaat dit over?'

'Die meme natuurlijk. *Idiot*, dit kan echt niet.'

'Ho, wacht even. Katie, luister.' Zijn stem was vlak. 'Ook mijn baan stond op de tocht, hè. Door jouw stupiditeiten in die bar was ik ook bijna werkloos. Uiteindelijk is het allemaal goed gekomen en staan we er nu nog beter voor. Maar het was ook voor mij echt even heel spannend.'

'Begrijp ik.' Ze nam een slok thee, vooral om rustiger te worden. Kate kneep even haar ogen dicht. Ze kon hem dus niet vertellen over Alistair, en moest zich proberen in te houden. 'Sorry daarvoor. Maar waarom doe je dan dit?'

'Heb je gezien hoe populair die meme is?'

'Nog niet.'

'Laten we het zo zeggen.' Bertie klonk nu echt boos. 'Ik heb je een *outrageously high* eindejaarsbonus bezorgd. Dus Kate, slaap lekker verder.'

Hij hing direct op en ze scrolde snel door. Tienduizenden likes. Dat betekende inderdaad duizenden ponden meer aan advertentie-inkomsten. Die zij natuurlijk ook heel goed kon gebruiken. Dat was het perverse. Nu maakte ze troep en verdiende ze er uitstekend mee. En bij de krant verdiende ze heel weinig met hoge kwaliteit.

'Toch bedankt,' appte ze Bertie. 'En nogmaals sorry. Ik reageerde veel te fel. Ik bel je later vandaag nog even. Ook voor jou slaap lekker.'

Maar ze ging zelf niet meer terug naar bed. Ze trok haar warme sportkleren aan en deed een fluorescerende muts op. Al was het buiten nog zo donker, een rondje hardlopen leek toch de beste oplossing. Ze wilde zich niet langer meer verschuilen en zich bang voelen. Zoals inmiddels al vijftien jaar bekend was, veroorzaakte hardlopen dezelfde neurochemische aanpassingen in het beloningsdeel van de hersenen als verslavende drugs. En die high had ze nu echt even nodig.

12

Kate hing aan de bar en keek opnieuw op haar horloge. Nog zevenendertig minuten. Na het gin-tonicdebacle van eergisteren had ze besloten echt geen druppel meer te drinken. Het lukte wonderbaarlijk goed, maar de laatste uren van het jaar leken voorbij te kruipen. Andere mensen om haar heen hadden daar kennelijk geen last van en waren geanimeerd met elkaar in gesprek. De boot was zo vol dat ondanks de kou sommige gasten buiten op het dek stonden, maar in haar dunne zijden jurk zou ze het daar nog geen minuut kunnen volhouden.

Op het allerlaatste moment had ze toch de uitnodiging van hun mediabedrijf @2U geaccepteerd. Niet dat ze nou zoveel zin had in een partycruise op de Thames, maar zo kon ze in elk geval het feest van haar bovenburen ontwijken. En Bertie een beetje tegemoetkomen. Ze had inderdaad zijn inkomsten in gevaar gebracht en dat had ze zich eigenlijk niet zo gerealiseerd. Hij had het geld nog harder nodig dan zij. Zijn hele familie leefde van zijn inkomsten.

Nadat ze hem had gebeld dat ze toch mee zou gaan, had hij haar meteen met een Uber thuis opgehaald. 'Echt heel gezellig en heel nuttig dat je meegaat,' riep hij zodra ze op de achterbank schoof. Sinds @2U betrokken was geraakt bij het creëren van hun IGTV-video's die ze voor hun account maakten, wilde Bertie niets liever dan het bedrijf pleasen. 'Dan zien ze ook wie achter @kateseesyou zitten. Zeker nu we zo goed gaan is dat echt superhandig. Ze kunnen zoveel voor ons betekenen. Je hebt geen idee.'

Kate had maar niet doorgevraagd, en zodra ze op de boot waren gestapt, had Bertie haar meteen voorgesteld aan hun contentmanager Poppy. Iemand die zich introduceerde als 'hen', met lange donkere haren, mannelijke gezichtstrekken en een hoge stem.

Poppy had haar rondgeleid over de boot en verheugd verteld dat ze precies voor de London Eye zouden aanleggen zodat ze om twaalf uur het beste uitzicht op het vuurwerk hadden. Daarna had die haar achtergelaten bij mega-influencer Viola die drie miljoen volgers had en op haar zeventiende al zo vol botox en fillers zat dat ze nauwelijks kon lachen. De vlogger had meteen verteld dat ze eindelijk lid was geworden van Melancholy, een winkel met dure merkkleren waar je alleen mocht winkelen als je ervoor gevraagd werd. Een absurd concept dat tot een ongekende hebberigheid leidde. Zelf was Kate er zes jaar geleden al voor gevraagd, maar ze had het geweigerd. Dat had ze maar niet tegen Viola gezegd.

Het gesprek kreeg een onverwachte wending toen Viola

vertelde over haar ontbijtproject. Dat ze een jaar lang het schoolontbijt van de miljoen lagereschoolkinderen in Londen betaalde. Ze deed er niet eens pocherig over, maar vond het de normaalste zaak van de wereld. Dat als je rijk was, je teruggaf aan de samenleving. Toen haar manager Viola weer meetrok, was Kate achtergebleven met een knagend schuldgevoel. Ze zou ook meer maatschappelijk betrokken willen zijn.

Nog eenentwintig minuten. Kate bestelde opnieuw een Virgin Bloody Mary en zag dat twee krukken verder ook iemand op zijn horloge keek. Ze glimlachte naar de man die ze vaag herkende maar ze kon zich niet meer herinneren waarvan. Tot haar schrik kwam hij meteen op haar af.

'Nog twintig minuten. Ik tel ze ook,' zei hij met een Amerikaans accent. Op het moment dat hij over zijn baardje wreef wist ze weer wie hij was.

'Erik Larson!'

'That's me,' zei hij met een brede glimlach. 'En jij?'

'Kate Colins, je kent me niet. Maar jezus, ik jou wel. Ik vind je boeken fantastisch. Vooral *In the Garden of Beasts*. Zo'n intrigerend verhaal. Dat idee dat je je als Amerikaanse ambassadeur in Berlijn moest verhouden tot dat monster van een Hitler. Echt erg goed geschreven. En dan *The Splendid and the Vile*. Die allesoverheersende angst in Londen. Ik voelde het gewoon zelf. Trouwens, ik wist echt niet dat Churchill roze peignoirs droeg...' Ineens hield ze op en sloeg haar hand voor haar mond. 'Sorry, ik gedraag me als een doorgeslagen fan. Ik doe dit nooit.'

'Dat beschouw ik dan als een compliment.' Hij stak zijn hand uit. 'Trouwens, ik weet wel wie je bent. Je artikelen over de Skripal-vergiftigingen en de Russische daders heb ik verslonden. Puik werk. Leuk om je eens te ontmoeten.'

'Nou, geheel wederzijds natuurlijk. Hoe ben je hier in hemelsnaam verzeild geraakt?'

Erik hield haar hand net iets langer vast dan nodig was. 'Dat vraag ik me zelf ook de hele tijd af.'

'Op uitnodiging van je uitgever?'

'Klopt, en ze hebben me verdomme blind gedropt in dit onbekende land van Gen Z. Begrijp jij waar ze het hier over hebben? Brand fans, nano-influencers, content based? Mijn god, welke taal is dit?'

Ze schoot in de lach. 'Ik ben generatie X, wel van de computers maar niet van de smartphones. Dus sorry, boomer, aan mij heb je ook niets.'

'Maar gelukkig begrijp jij wel wat ik zeg.' Hij hield zijn glas omhoog. 'Op het verleden!'

Ze tikte met haar glas tegen het zijne en nam een slok. 'Trouwens, ben je alweer met een nieuw boek bezig?'

Erik haalde zijn schouders op. 'Er broeit iets. Iets met Rome en Mussolini… maar ik krijg het nog niet rond in mijn hoofd. En jij?'

'Ik?'

'Was jij niet ook met een boek bezig?'

Hoe wist hij dit? Ze had het nog aan bijna niemand verteld.

'Niet echt.' Ze maakte een wegwerpgebaar. 'Ik had ooit

een vaag idee, maar dat is al jaren geleden.'

'Wat doe je nu dan? Je bent toch weg bij de krant?'

Ze voelde haar wangen warmer worden.

'Ik ben nu meer gericht op human interest. Korte interviews, kleine reportages, je kent het wel,' begon ze, maar ze kon toch niet verder liegen. 'Nou, eerlijk gezegd... Ik heb een juicekanaal op de socials.'

Erik wreef weer over zijn baardje en knikte alleen.

'Voor het geld,' vulde ze aan. 'Ik kon niet rondkomen van het werk voor de krant.'

Zijn grijze wenkbrauwen trokken samen. '*Money can run out, but talent is forever*.'

'Lady Gaga dixit,' zei ze lachend.

'Precies...' begon Erik, maar hij werd onderbroken door het geroep van de gasten om hen heen.

'Tien, negen, acht...' riep de boot in koor. 'Zeven...'

Tegelijkertijd keken ze allemaal door het glazen plafond naar boven. Het reuzenrad was al met duizenden kleine lampjes verlicht.

'Drie, twee, een... Happy New Year!'

Pijlen schoten de lucht in, knallen klonken over het water. De zwarte hemel werd als een blanco canvas door rode, groene en gele sterren ingekleurd. Van alle kanten kregen ze glazen champagne aangereikt.

Erik pakte er twee aan en gaf er een aan haar. 'Op een gelukkig 2023.'

'Voor jou ook.' Ze hief haar glas. 'Op Rome.'

Kate wilde een slok nemen maar Erik legde een hand op

haar schouder. 'En op jouw boek. Talent moet je niet te lang verstoppen.'

Onverwacht vulden haar ogen zich met tranen en ze wilde hem bedanken toen ze Bertie hoorde roepen.

'Katie, daar ben je! Ik heb je overal gezocht.' Bertie sloeg zijn lange armen om haar heen. 'Darling Kate, op een gigantisch succesvol nieuwjaar. Dat de volgers maar lang door mogen blijven stromen.'

Ze gaf hem een zoen op zijn wang. 'Voor jou ook, my dear Albert Kharti. Veel geluk en gezondheid.'

Toen ze zich uiteindelijk uit zijn omhelzing had losgewrongen, was Erik verdwenen. Wel was de dansvloer inmiddels gevuld en ze liet zich door Bertie meetrekken. Meedeinend op het bekende ritme van 'Stayin' Alive' kreeg ze langzaam het gevoel dat 2023 misschien toch wel een bijzonder jaar zou kunnen worden.

13

Al een uur zat ze op de bank terwijl ze naar de ene regel op het scherm staarde. *Met zijn dood waren ook haar herinneringen gestorven.* Ze drukte op delete en schreef daarna: *Door zijn vertrek verdwenen ook haar herinneringen.* Weer wiste ze de regel. *Haar herinneringen stierven toen hij verdween.* Nee, ook niet. *Zijn dood had haar herinneringen vermoord.*

Kate klapte de laptop dicht. Zie je wel, ze kon het niet. In de roes van het gesprek met Erik vorige avond en in de opwinding van het nieuwe jaar had ze weer even de illusie gehad dat het mogelijk was.

Vanochtend had ze direct na het ontbijt haar telefoon op vliegtuigstand gezet en in de stilte van het nieuwe jaar het mapje van haar boek geopend. Verder dan dat was ze niet gekomen. Het eerste hoofdstuk had ze een jaar geleden geschreven, maar daarna was ze blijven steken. Ook nu had ze weer geen extra letter op papier gekregen. Ze was het schrijven definitief verleerd.

Gefrustreerd pakte ze de afstandsbediening en zapte naar de London New Year Parade. Een sliert van harmonieorkesten en majorettes liep dwars door de binnenstad, aangemoedigd door enthousiast publiek dat rijendik achter dranghekken stond. Ze herkende de grote reclameschermen van Piccadilly Circus.

Toen Alistair vijf was waren ze met z'n drieën ook een keer naar deze nieuwjaarstraditie gaan kijken. Hun zoon genoot van de drums, uniformen en de gigantische opblaaspoppen. Maar Benjamin had haar laten zweren nooit meer te gaan. Nu hadden deze stralende dansmariekes en de bolle wangen van de blazers iets troostends.

Het waren ook de idiote tradities die Londen als wereldstad dragelijk maakten, bedacht ze. Ja, het was hier extreem duur, vies, druk, groot en oud, maar de dubbeldekkers waren nog steeds rood, iedereen reed nog links, de Big Ben sloeg al meer dan honderdvijftig jaar, Buckingham Palace bleef lelijk en bij Harrods kon je nog steeds zijde uit de voormalige koloniën bestellen. Misschien moest ze daar eens over schrijven. Over de haat-liefdeverhouding die Londenaren met hun stad hadden.

Meteen deed ze de televisie weer uit. Onzin natuurlijk. Wie zat er nou nog op een boek van haar te wachten? Ze stond weer op en net toen ze haar telefoon wilde pakken, werd er hard op de deur gebonsd.

'Kate!'

Nee hè, Evy. Ze had haar vannacht vakkundig kunnen vermijden door een flauw excuus te appen dat ze voor werk naar een ander feest moest. Toen ze vanochtend vroeg thuiskwam, was het feest bij haar bovenburen nog in volle gang, maar ze was haar eigen huis binnengeslopen en met oordoppen in gaan slapen.

'Kate, doe open!'

Kon ze haar negeren? Doen alsof ze niet thuis was.

'Kate, ik weet dat je er bent.'

Niet dus. 'Ik kom, wacht even.'

Ze deed snel wat mascara op, haalde een borstel door haar haar en draaide de sleutel om.

'Gelukkig nieuwjaar!'

Evy stormde naar binnen. 'Gelukkig nieuwjaar? Hoe kan je dat nou zeggen?'

'We zijn pas een paar uur bezig, volgens mij mag het nog.'

'Waar is je telefoon?' Evy stond vlak voor haar in een paarse onesie, waar haar dikke buik maar net in paste, met haar handen ferm in haar zij gestoken. 'Kijk je überhaupt ooit op dat ding?'

'Is er iets aan de hand?' Kate liep naar het aanrecht. 'Wil je niet even gaan zitten? Thee?'

Evy plofte neer op een kruk. 'Verse gember graag.'

'Hoe was je feest?' Kate vulde de theepot. 'Sorry dat het niet lukte om te komen, het klonk echt heel gezellig.'

Evy knikte. De knot boven op haar hoofd deinde mee. '*We had a blast.* Tom ligt nog knock-out in bed. Maar even serieus, pak nu je telefoon.'

'Wat is er dan?' vroeg Kate en ze pakte hem van het aanrecht. 'Ik heb dat ding maar een paar uur uit gehad. Een mens moet toch wel even zonder kunnen?'

'Jij niet meer. Kijk zelf maar.'

Kate schoof de vliegtuigstand uit. Meteen stroomden de meldingen binnen.

'Wat is dit?'

Evy sloeg met beide handen op het kookeiland. 'Kijk nou even naar je laatste post. Over Viola.'

'Die mega-influencer? Die heb ik gisteren nog gesproken.'

'Dat heeft iedereen wel gezien, ja.'

'Wat bedoel je?' Kate opende haar Instagramaccount en zag zichzelf op de boot staan naast de hoogblonde Viola. 'Hè? Die foto heb ik helemaal niet geplaatst. Kijk dan, ik maak ook helemaal geen V-teken.'

'Ik geloof niet dat iemand dat verschil ziet. Maar kijk nou eens goed!'

Kate zag #blondeshavemorefun eronder staan, waar in de reacties fel op werd gereageerd. Van 'totaal ongepast' tot 'karaktermoord'. In een reflex legde ze haar telefoon omgekeerd neer. 'Wat is dit nou weer?'

Evy staarde haar ongelovig aan. 'Ze staat er snuivend op!'

Kate deed een stap naar achter alsof ze zo afstand van het nieuws kon nemen. 'Echt?'

'Hoe konden jullie dat doen? Ze is minderjarig!'

Kate keek op Evy's scherm. En nu zag ze het duidelijk. Viola snoof coke van een zilveren schaaltje dat iemand uit beeld voor haar gezicht hield. Kate stond er zelf naast met haar duim omhoog.

'Damn it, ik weet het weer. Bertie maakte die foto vlak na het vuurwerk. Maar ik had helemaal niet door dat Viola naast me stond. Laat staan dat ze aan het snuiven was.'

'Serieus niet?'

'Nee, natuurlijk niet. Ze had me net over haar scholenproject verteld. Dan verwacht je dit niet.' Kate sneed de gember in dunne plakjes. 'En ik denk Bertie ook niet. Hij zou toch ook nooit zo'n foto van een kind plaatsen.'

'Wie dan wel? Dit is toch jullie account?'

Waar mijn eigen zoon zo bij kon, dacht Kate, maar dat kon ze natuurlijk niet zeggen. Zou hij het weer hebben gedaan? Nee, zelfs voor hem zou dit te ver gaan. Alistair wist verdomd goed dat hij dan alles zou verpesten en voor de rest van zijn schooltijd huisarrest zou hebben. Bovendien, hoe zou hij aan die foto zijn gekomen?

'Ik zal zo eerst Bertie bellen,' besloot ze. 'Hopelijk weet hij meer.'

'Ik ben benieuwd.' Evy knikte. 'Vertel hem dan ook meteen over Sally. Dat verhaal van die voedselvergiftiging bleek toch onzin. Het waren toch de drugs, hè? Gelukkig waren ze er bij haar wel op tijd bij. Maar het bleek gewoon weer een nieuwe overdosis te zijn.'

'Roofies?'

'Het lijkt er een beetje op, maar waarschijnlijk net iets anders.' Met opvallende detailkennis beschreef Evy de mysterieuze nieuwe partydrug die op feesten rond zou gaan. Met een net iets heftigere high dan rohypnol, maar gebruikers gingen ook makkelijker over de schreef. 'En dan is het snel gebeurd. In het beste geval belanden ze in een coma, maar soms overleven ze het niet.'

'Zo onwerkelijk. Al die drugs.' Kate schudde haar hoofd. 'Noelle, Sally, nu Viola. Wat bezielt ze toch? En toevallig had ik ze net alle drie gezien.'

Evy zweeg even en keek haar recht aan. 'Heb je het echt niet door? Dat is juist precies het probleem.'

'Welk probleem?' Het leek alsof haar hart een slag oversloeg. Kate pakte zo beheerst mogelijk twee mokken maar voelde dat haar handen trilden. 'Wat suggereer je nou?'

'Ik suggereer helemaal niets. Maar je volgers wel.'

'Wil je melk?' Kate trok de ijskast net te hard open, kon nog net het pak melk opvangen maar stootte tegen een doosje blauwe bessen. De bessen rolden over de grond en ze dook meteen op haar knieën. '*Crap*!'

'Komt goed.' Evy gleed van de kruk en wilde haar helpen met opruimen, maar haar buik zat in de weg. 'Heb je stoffer en blik?'

Kate wees naar de lange kast. 'Maar ik kan er toch niets aan doen dat ze drugs gebruiken? Waarom is dat nu mijn probleem?'

'Mensen vinden het te toevallig. Ze zien overal verbanden,' zei Evy terwijl ze in de kast rommelde.

'Ook als die er niet zijn?' Kate pakte stoffer en blik aan.

Evy leunde tegen het aanrecht. 'Nou, even doordenkend, hoe groot zou de kans zijn dat het echt random is? Misschien is het wel waar dat jouw foto's die vrouwen tot wanhoop drijven. Dat schreef toch iemand in je comments?'

Bloody hell, dat was mijn eigen zoon, wilde ze bijna uitroepen maar hield het net op tijd binnen. Ze stond op, gooide de bessen weg en pakte alsnog de melk. 'Het lijkt me sterk. Andere paparazzi zijn veel agressiever. Waarom ik?'

'Omdat je waanzinnig populair bent. Duh.'

Kate schonk eerst de thee in, daarna de melk. 'Eerlijk? Ik vind het nog steeds moeilijk te begrijpen. Ik plaats gewoon wat stomme foto's, hè. Meer is het niet.'

'*My god,* Kate, doe niet zo elitair.' Evy rolde met haar ogen. 'Voor vips is een foto op @kateseesyou echt heel cool. Negatieve content van jou betekent daarom ook direct reputatieschade.'

Kate pakte een shortbreadkoekje en schoof het pak naar Evy, die er meteen twee pakte. Ze doopte het biscuitje in de thee. 'Het wordt tijd dat we er voorzichtiger mee omgaan. Ik zal het met Bertie bespreken.'

'Dat vindt hij vast een goed idee. Het is zo'n lief joch.' Evy nam nog een slok en begon uitgebreid te vertellen over het feest, de bizarre gasten en dat de baby in haar buik met getrap had geprotesteerd tegen de harde muziek.

Kate luisterde half en dacht vooral aan Bertie. Lief was niet het goede woord. Haar collega kon echt vals zijn, maar hij was wel heel erg betrokken bij hun werk. Zoals veel kinderen van migranten was hij erg gedreven om van zijn leven een succes te maken. Zodat zijn ouders niet voor niets zoveel voor hem hadden opgeofferd. Een groot deel van hun spectaculaire groei was ook echt aan hem te danken. Eigenlijk had ze hem dat nooit zo expliciet gezegd. Ze nam zich voor om hem dat in dit nieuwe jaar vaker te vertellen.

Maar eerst moesten ze uitzoeken wie die foto had geplaatst. Uit het zicht van Evy tikte ze onder het aanrecht een bericht aan Bertie. *Waar ben je? Moet je snel spreken.*

14

Kate worstelde zich door een groep ouderen heen die met de Union Jack op hun gezicht getekend traag de trap af sjokten. Net als de anderen die het metrostation van Greenpark instroomden, hadden ze waarschijnlijk op Piccadilly naar de parade gekeken. Kate had het eerst niet geloofd toen Bertie vertelde dat hij samen met Alfie ook langs de route had gestaan. Maar ze begreep al snel dat het een van de tradities van zijn vriendengroep was, net als samen verkleed naar het Eurovisiesongfestival kijken.

Eenmaal boven de grond zag ze overal zilveren en gekleurde confetti op de stoep liggen, maar de straat begon al aardig leeg te lopen. De koude wind jaagde de meeste kijkers waarschijnlijk weer naar binnen om verder te relaxen met schansspringen op de BBC op de achtergrond. Ze stak de weg over naar de ijzeren jugendstilfaçade van The Wolseley. Al twee decennia was het restaurant een instituut in de stad, waar bekende Londenaren gemoedelijk naast de opgedofte Hollywoodelite zaten.

Kate gaf de portier een knikje en hij opende met zijn hand op zijn rug de zware glazen deur voor haar. Bij binnenkomst bleef ze staan en tuurde door de zaal. Dit restaurant was precies zoals het moest zijn. Een gezellige open ruimte, met perfecte akoestiek, knusse hoekjes, krakend wit linnen en zachte verlichting, waarbij in vergelijking elke Instagramfilter op een ijskoude tl-lamp leek. Achterin zag ze Bertie en Alfie al zitten.

Net toen ze hun kant op wilde lopen kwam Fennel, de manager, haar tegemoet.

'Lady Colins,' zei hij met een brede glimlach. 'Mag ik uw jas aannemen en u alsnog een gelukkig nieuwjaar wensen.'

'Voor jou ook, Fennel, *let's bloody well make it right*.'

'Zoals Supertramp dat in 1972 al hoopvol zong,' zei Fennel terwijl hij haar jas aan de garderobedame gaf. 'Laat me u voor gaan. Uw collega's zitten aan hun vaste tafel.'

Ze liepen door de zaal die vooral gevuld was met dames aan de thee die zo strakgetrokken waren dat ze alleen nog maar bezorgd konden kijken. Maar ze herkende ook een paar musicalsterren wier blik ze direct probeerde te vermijden.

'Darling,' zei Bertie die meteen opstond en haar een knuffel gaf. 'Alfie en ik zijn maar alvast aan de bubbels gegaan. Wil je ook? Fennel, nog een glas graag.'

De manager reageerde niet op Berties verzoek, maar hij keek haar wel vragend aan.

'Nee dank je Fennel, voor mij graag alleen jasmijnthee.'

Ze gingen zitten en Kate pikte meteen een komkommersandwich van de schaal.

'Straks komen nog de scones,' zei Alfie, nadat hij een hap van een grote aardbei had genomen. 'Die zijn hier echt goddelijk.'

'Dat weet ze toch,' zei Bertie geïrriteerd. 'Kate komt hier al jaren.'

'Jij toch ook, schat?' vroeg Alfie.

'Ja, maar dat lijkt die Fennel maar niet te kunnen onthouden.'

Kate lachte. 'En dat terwijl jullie zulke mooie truien aanhebben.'

'Goed hè?' Bertie klopte op zijn borst. Ze hadden allebei een sweater aan met Beertje Paddington die koningin Elizabeths hand vasthoudt. 'Onze iconen. *Both dearly missed*.'

Bertie vertelde enthousiast verder over de parade die dit jaar langer leek dan anders en dat ze volgend jaar zeker mee moest gaan, omdat het ook voor hun account mooie foto's kon opleveren.

'Daar wilde ik het juist even met je over hebben.' Kate wachtte tot de toren van scones werd geserveerd. 'Heb jij die laatste foto geplaatst?'

'Met Viola? Natuurlijk, wie anders? Vind je hem niet fantastisch?'

Kate beet op haar onderlip. 'Eerlijk gezegd niet, nee.'

'Maar de likes gaan door het dak!'

'Hij gaat te ver. Echt.'

Bertie zette zijn glas neer. 'Dit meen je niet.'

'Een kind coke snuivend te schande zetten? Die is voor de rest van haar leven beschadigd. Bertie, serieus, wat dacht je?'

'En iemands vreemdgaan vastleggen mag wel?' Alfie keek haar uitdagend aan.

'Sally was single,' snauwde ze bijna. Snel slikte ze haar ergernis weg. 'Maar je hebt gelijk. We werken qua moraal op een scherp snijvlak. We lopen de hele tijd net langs het randje van wat ethisch nog verantwoord is. En soms stappen we eroverheen. Dat kan gebeuren, maar dat moeten we dan wel erkennen.'

'Hoe wil je dat dan doen?' Bertie maakte een prop van zijn servet. 'Excuses maken?'

'Misschien, maar dat wilde ik nog met je bespreken. En ik wilde je ook vragen om niet meer zonder overleg een foto te plaatsen. Dit is óns account.'

'Precies ja,' zei Bertie. 'Ons account.'

Nu zwegen ze alle drie. Alleen het gesmak van Alfie was nog te horen. Hij was met grote gretigheid al aan zijn tweede scone begonnen. Ongelofelijk, zo'n iel lichaam en dan zoveel eten, schoot het door haar heen.

De stilte begon ongemakkelijk te worden. Kate deed een scheutje melk in haar thee en roerde extra lang. Het zilveren lepeltje tikte tegen de rand.

'Stella McCartney zit hier ook,' zei Alfie uiteindelijk.

Bertie schoot op. 'Waar?'

'Daar, aan de andere kant, volgens mij met Kate Moss.'

'Die zijn bff's.' Bertie keek haar aan. 'Ah Katie, please...'

'Ik had toch een paar dagen vrij?' Ze schudde haar hoofd. 'Nee, ik wil eerst bespreken waar onze grenzen liggen. En ik wil ook echt dat we iets aan dat gedoe met Viola doen. We moeten dit rechtzetten.'

Bertie zuchtte. 'Luister, als we nu wel deze foto maken? Jij, met die dames. Kate, Stella en Kate. Hoe mooi is dat? En dan zetten we er zoiets onder als "Dit is een beter begin van 2023. Sorry voor de valse start. Love you, Viola."'

'Briljant idee,' zei Alfie meteen.

Voor het eerst die middag was Kate het met de mannen eens. 'Oké. Maar je moet me wel beloven dat we er echt zorgvuldiger mee omgaan. Anders...'

'Anders wat?' Bertie zette zijn glas champagne neer. 'Wat dan, Kate?'

'Nee, nee, het is al goed, laat maar.' Ze stond snel op en trok haar shirt recht. 'Nou, vooruit, kom op dan, *let's get it over with*.'

Net toen Kate de stadsfiets van Santander in de houder terugzette, ging haar mobiel. Ze tikte haar oortje aan. 'Louise, hoe gaat het daar?'

'Uitstekend. Nog een heel gelukkig nieuwjaar.'

'Voor jullie ook natuurlijk. Alistair nog in het gareel?'

Louise grinnikte. 'De mannen zijn al uren op pad.'

'Aan het hiken?' vroeg Kate terwijl ze de straat overstak.

'Ik denk dat ze inmiddels wel in een pub zijn beland. En met een biertje aan een schaakwedstrijd zijn begonnen. Misschien kan Alistair zijn opa dit keer wel verslaan. Maar goed, die twee verwacht ik voorlopig niet thuis.'

Kate deed haar handschoenen uit. 'Dat klinkt allemaal erg gezellig.'

'Alistair had het nog wel over een feest morgenavond. Maar ik heb hem subtiel op zijn huisarrest gewezen.'

'Haha, dat is jou wel toevertrouwd.'

Louise kuchte licht. 'Maar daar bel ik eigenlijk niet voor.'

'Oké...' Kate wachtte even met het openen van de deur. 'Wat kan ik voor je doen?'

'Vind je hem ook niet erg afgevallen?'

'Wie? Alistair?' Ze zag zijn ingevallen wangen weer voor zich. 'Een beetje. Maar hij is de laatste tijd ook fors gegroeid. Hoort erbij, denk ik.'

'Ik weet het niet... hij is ook zo bleek. En hij eet echt weinig hoor.'

Haar knieën knikten ineens en Kate pakte de deurpost vast. 'Wat zou er dan aan de hand zijn?'

'Anorexia komt steeds vaker voor bij jongens.'

'Denk je? Misschien is hij gewoon verliefd.'

'Dat kan natuurlijk ook...' Louise haalde diep adem. 'Maar met de scheiding, puberteit, stress van school. Anorexia draait om controle.'

Kate liet haar hoofd tegen de deur rusten. Niet ook dit nog. 'Het lijkt me sterk. Maar goed, ik zal het in de gaten houden.'

'Dank je schat,' zei Louise snel. Waarschijnlijk had ze haar irritatie gehoord. 'We bellen nog.'

Kate hing op, tikte de code van het slot in, pakte de post en sleepte zichzelf naar boven. Die paar treden leken vermoeiender dan anders. Alistair, Benjamin, Bertie, haar werk... ze moest ook alles alleen doen.

Bij binnenkomst in haar appartement zette ze meteen Avicii op. 'Wake me up' was het beste medicijn tegen een pesthumeur. Dansend liep ze naar het raam om de gordijnen dicht te trekken toen ze het zag staan. '*@kateseesyou kills you*,' in vette rode letters, op de blinde muur van de HSBC-bank gespoten. Recht tegenover haar huis.

15

Kate zat met haar knieën opgetrokken op de grond toen ze gerommel aan het slot hoorde. Snel deed ze de schemerlamp naast zich aan en veegde haar wangen droog. Hij was hier eerder dan ze had verwacht. Nog voordat ze zich afvroeg of zij voor hem de deur open moest doen, zwaaide die al open.

'Katie, wat is er?' Benjamin stormde naar binnen en deed meteen het grote licht aan. 'Waarom zit je hier in het donker?'

'Echt fijn dat je bent gekomen,' fluisterde Kate schor.

Hij liep op haar af en ging op zijn hurken voor haar zitten. 'Natuurlijk, altijd. Vertel, wat is er gebeurd?'

'Kijk maar uit het raam.'

Meteen stond hij weer op. 'Ik zie niets.'

'Op de muur van de HSBC.' Ze keek naar hem op. Zo leek hij nog groter en breder. Zijn sterke lichaam had haar altijd een veilig gevoel gegeven. 'Die graffiti.'

'Dat van "Kate kills you"?'

‘Ja, ik schrok me rot. Het stond er vanmiddag ineens op.’ Haar stem trilde. ‘Wie doet nou zoiets?’

Nu pas deed Benjamin zijn wollen jas uit en gooide die over een stoel. ‘Nou, ik kan er wel een paar bedenken. Maar appte je me hiervoor?’

‘Niet alleen natuurlijk.’ Ze vouwde haar benen in kleermakerszit. ‘Ik heb af en toe ook het gevoel dat ik word gevolgd. Gewoon op straat.’

Benjamin zakte op de bank, alweer verder van haar vandaan. ‘Een gevoel, zeg je?’

‘Ik weet het natuurlijk niet zeker.’ Kate voelde de tranen weer opwellen en slikte ze weg. ‘Maar ik voel me zo opgejaagd. Alsof ik constant in de gaten word gehouden.’

‘Sinds wanneer?’

‘Vooral na dat account van Alistair. Dat heeft echt een deur opengezet naar veel haatreacties.’

‘My god.’ Benjamin klakte alweer geïrriteerd met zijn tong. ‘Wat kan jij toch egocentrisch zijn.’

‘Hè? Geloof je me niet?’

‘Waarom zou je liegen? Nee, ik geloof je wel degelijk.’ Benjamin vormde met zijn handen een driehoek, precies zoals hij tijdens het pleiten ook deed. ‘Ik vind het zelfs heel waarschijnlijk dat mensen je opjagen.’

Ze ging rechterop zitten. ‘Maar dat is het niet alleen, volgens mij heeft er vannacht iemand geprobeerd hier bij mij binnen te komen.’

‘Heb je daar wel bewijs voor?’ Hij wees naar de deur. ‘Inbraaksporen bijvoorbeeld? Of is dat ook een gevoel?’

'Gosh, wat ben je irritant. Waarom zeg je dit nou?'

'Heb je echt geen idee?' Zijn ogen werden een tint donkerder. 'Typisch toch weer. Jij jaagt zelf mensen op, maar zodra ze dat bij jou doen, dan is het ineens onterecht en angstig. De wereld draait niet alleen om jou, Kate.'

'Dit slaat echt helemaal nergens op.'

'Nee? Moeten we dan niet allemaal met je mee lijden omdat het schrijven van je boek niet lekker gaat? Is het dan niet waar dat je dronken wordt zonder aan je zoon te denken? En is het soms ook niet waar dat je met je *beastly* account andere mensen kapotmaakt? Je volgt ze in hun privétijd. Probeert ze op hun meest kwetsbare momenten te raken. Zelfs kinderen zetten jullie voor schut. Alleen om wat stomme centen te verdienen.'

Haar schouders verkrampten, dit gesprek ging totaal de andere kant op dan ze had gehoopt. 'Kom op, zeg, van dat geld gaat je zoon naar school, hoor. Of komt dat oude verwijt nu weer boven? Dat ik te veel met mijn carrière bezig was en daardoor ons huwelijk verwaarloosde? Is dat niet wat je eigenlijk zegt?'

'Nee, Kate.' Benjamin schoot omhoog. 'Dat is niet wat ik eigenlijk zeg. Volgens mij ben ik heel helder. Je bent veel te veel met jezelf bezig. Je ben een slachtoffer in je eigen wereld. Damn it, jouw vips gaan aan de lopende band dood en jij maakt je druk om een kreet op de muur! Die ook nog eens helemaal terecht is.'

In een reflex trok ze haar knieën dichter naar zich toe. Alsof ze zichzelf moest beschermen. 'Verwijt jij mij nu ook al Noelles dood?'

'Noelle én die van Viola.'

'Hè?' Ze werd ijskoud vanbinnen. 'Is Viola ook overleden?'

'Volg je het nieuws niet meer? Vanmiddag tijdens een nieuwsjaarsfeestje. Een overdosis.'

'Wat vreselijk.'

Benjamin trok zijn wenkbrauwen op. 'Wist je dit echt niet?'

'Nee, natuurlijk niet.' Nu kon ze haar tranen nauwelijks meer tegenhouden. 'O, Ben, ik weet niet meer wat er allemaal gebeurt. Dit wil ik natuurlijk ook niet. De drugs, de haatberichten, de verwijten. Wat hebben die doden dan met het account te maken?'

Benjamin ging verzitten, maar hij kwam niet naar haar toe. 'Ik weet het ook niet, Katie.'

'*It's absurd*.'

'Misschien, maar het gebeurt wel.'

Ze zwegen nu allebei. Buiten klonken sirenes, binnen was alleen hun zware ademhaling te horen. Ruziemaken kostte energie. Ergens had ze gehoopt dat hij begrip zou hebben voor de situatie waarin ze nu zat, maar ze besefte weer dat ze elkaar al een tijdje niet meer begrepen. Te veel onuitgesproken pijn lag nog tussen hen in, zelfs gewone gesprekken waren nog steeds lastig. Ze zaten hier op slechts drie meter van elkaar, maar het hadden er ook net zo goed honderd kunnen zijn. Eigenlijk wist ze ook niet meer waarom ze juist hem had gevraagd te komen.

'Vind je dat ik aangifte moet doen?' vroeg ze uiteindelijk.

'Van wat? Die graffiti? Nee, daar kan je niets mee,' zei Benjamin wat rustiger en de strakke lijnen in zijn gezicht leken iets te verzachten. 'Maar ik kan weleens rondvragen bij justitie? Of ze iets meer weten over die Noelle en Viola? Of die overdoses echt een trend zijn? Of dat ze toch willekeurig gebeuren.'

Kate vertelde over roofies en dat er misschien een nieuwe partydrug rondging. 'Alles wat je te weten kunt komen kan helpen. Om die haat en beschuldigingen te stoppen.'

'Zal ik doen.' Benjamin stond op. 'Ik denk dat Peter wel wat kan vertellen, die heeft weleens bij ons gegeten, weet je nog? Met zijn vrouw Lilian. Hij zit al jaren op drugscriminaliteit.'

'Die vrouw die pas na de boeuf bourguignon zei dat ze vegetariër was.'

'Precies.' Benjamin grinnikte ineens. 'Wat heb je toch een ijzeren geheugen.'

'Als een olifant, helaas.'

Even kruisten hun blikken elkaar, maar Benjamin keek weg en stak zijn hand uit. 'Kom, sta op.'

'Bedankt dat je bent gekomen.' Kate liet zich door hem omhoogtrekken en ze rook een vleug van zijn Chanel-aftershave. Allure, die ze ooit samen hadden uitgezocht. 'Al vind je mij *tremendously self-absorbed*.'

Hij negeerde haar opmerking en keek naar de ijskast. 'Ben je oké voor de rest van de avond? Heb je eten in huis?'

'Ik bestel wel wat en ga lekker chillen op de bank vanavond. Trouwens, je moeder belde nog. Ze maakte zich zorgen over het eetgedrag van Alistair. Ze vond hem te dun.'

'O?' Benjamin trok zijn jas weer aan. 'Volgens mij eet hij als een paard. Laatst hebben we nog samen twee bakken fish-and-chips leeggegeten.'

Ze glimlachte. 'Dat klinkt heel normaal.'

'Precies. Ik was ook een lat toen ik zestien was. Dat is ze blijkbaar helemaal vergeten.'

'Maar ja, dat is duidelijk ook al wel een tijdje geleden.'

Ze schoten tegelijkertijd in de lach en plotseling zag ze het weer. Die pretoogjes, dat kuiltje in zijn wang. *Darn*, hij was nog zo aantrekkelijk. Ze wilde bijna zijn hand opnieuw pakken, maar greep in plaats daarvan achteloos naar de inmiddels hoge stapel post op het gangtafeltje. 'En ik ga mijn administratie maar eens doen vanavond. Dat wordt echt de hoogste tijd.'

'Klinkt als een bijzondere avond,' zei Benjamin terwijl hij naar de deur liep. 'Bye, Kate, hou je taai. Ik spreek je later.'

En nog voordat ze ook afscheid kon nemen, was hij al de gang op gelopen.

'Dag Ben,' fluisterde ze vooral tegen zichzelf. 'Wie weet tot later.'

16

Na een paar happen schoof ze de Kashmiri lamb chops van Gunpowder aan de kant. Ze had speciaal bij haar favoriete Indiase restaurant eten besteld omdat ze al vreesde dat ze te weinig honger had en alleen nog door iets heel bijzonders verleid kon worden. Maar het werkte niet. De verwijten van Benjamin bleven door haar hoofd spoken. Eigenlijk had hij gewoon gelijk. Ze was egocentrisch geweest.

Maar ze had hem graag willen uitleggen dat ze eigenlijk ook niet anders kon. Om financieel te kunnen overleven, om in haar eentje Alistair op te voeden, moest ze wel. Zelfs om een boek te kunnen schrijven moest ze met zichzelf bezig zijn.

Misschien moest ze zich net als Tracy terugtrekken op een retreat in Nepal. Hoewel Benjamin dat dan natuurlijk weer heel asociaal zou vinden. Trouwens, voor hem was het heel makkelijk om aan anderen te denken. Hij had echt nul zorgen. Benjamin verdiende bakken met geld en had een vrouw die hem adoreerde. En alsof hij met die affaire niet zelf ook heel erg egoïstisch was geweest.

Ze zuchtte. Ze wilde niet de hele tijd met haar ex bezig zijn. Hoe deden andere gescheiden vrouwen dat toch? Als je kinderen deelde, bleef je met elkaar verbonden.

Gewoon doorgaan, zou haar vader zeggen. Precies zoals hij had gedaan nadat haar moeder elf jaar geleden was gestorven.

Kate stond op, ruimde het eten op en zag de stapel post weer liggen. Eigenlijk was het helemaal niet zo'n slecht idee om vanavond gewoon wat klusjes thuis te doen. Strijken, stofzuigen, de kranten uitzoeken en inderdaad eindelijk ook de administratie regelen.

Kate zette thee, zocht een relaxte playlist uit en maakte de bar vrij. Ze begon met de onderste enveloppen. Rekeningen links, uitnodigingen rechts. Die van British Gas was absoluut de hoogste, maar de rest viel wel mee. Twee pakketjes kwamen van Chanel, en ze zag dat het een grote fles Chance en hun nieuwste lippenstift was. Meteen deed ze de lichtpaarse kleur op en plaatste een foto van haar lippen op haar account. Dit soort cadeautjes bleven heerlijk.

Van de uitnodigingen gooide Kate uiteindelijk de meeste direct weg. Al runden ze een hypercommercieel bedrijf, dat hoefde niet te betekenen dat ze haar gezicht bij elke lancering van een nieuw parfum liet zien.

Halverwege vond ze twee grote identieke roze enveloppen, allebei ongefrankeerd. Vast ook weer van een überhip cosmeticabedrijf, dat zoiets persoonlijk liet bezorgen. Ze pakte een mes om ze open te scheuren en haalde de kaarten eruit. Op allebei stond precies hetzelfde. Een uitvergrote foto van een injectienaald met in vette rode letters *@kateseesyou keeps killing*. Haar keel kneep samen en even kreeg ze geen lucht meer. In een reflex gooide ze de brieven in de gootsteen en zette de kraan aan. Alsof ze zo de vlammende tekst kon doven.

'Nee!' riep ze meteen uit. 'Nee, niet zo.'

Onmiddellijk draaide ze de kraan weer dicht en viste de kaarten eruit. Ze liet zich niet meer opjagen. Het was genoeg geweest.

Met haar telefoon maakte ze verschillende foto's van de tekst. Daarna zocht ze haar account op en maakte screenshots van de ergste verwensingen in de reacties. Vervolgens schoot ze in haar sloffen en stoof de trap af. Ze liet de voordeur op een kier en maakte tientallen foto's van de graffiti op de muur. Ook een paar close-ups. Een man die voorbijliep wees naar haar sloffen, alsof ze zelf was vergeten dat ze die nog aanhad.

Inmiddels rillend van de kou rende ze weer naar binnen, en aan de bar in de keuken produceerde ze binnen een paar minuten een reel met alle hatelijke opmerkingen achter elkaar. Als muziek zette ze *Fuck You* van Lily Allen eronder en schreef: '*THIS HAS TO STOP*.' Ze keek het nog een keer na en plaatste het filmpje toen online.

Binnen tien seconden stroomden tientallen likes binnen. '*You go girl*,' schreef er een. '*Yes, fuck them*,' een ander.

Kate glimlachte en legde haar telefoon weg. Het was echt genoeg geweest. Vanaf nu ging ze het totaal anders aanpakken.

17

De kaarsen op de rand van het bad flikkerden even. Alsof het tochtte omdat de voordeur openging. Ze dook verder in het warme schuimwater. Nee, ze liet zich niet meer bang maken. Benjamin had gelijk, er was geen bewijs van inbraak. En hopelijk ging door haar felle tegenactie nu alles gewoon weer terug naar normaal.

Kate hoorde haar telefoon op de wastafel trillen, maar ze hield haar ogen gesloten. Het warme water ontspande langzaam haar spieren.

De geur van de lavendelzeep maakte haar slaperig en ze doezelde even weg. Af en toe kwamen de foto's van Viola en Noelle in gedachten weer naar boven. Zonde eigenlijk dat ze al zo jong hun toevlucht tot drugs namen. Natuurlijk, ze kon zelf veel te veel drinken, wat misschien nog wel slechter was, maar drugs waren nooit een verleiding voor haar geweest. In Amsterdam had ze op de Nieuwmarkt bij Lokaal 't Loosje gewerkt. Een bruine kroeg met veel interessante stamgasten, maar ook veel verslaafden die de hele dag voor de deur rondhingen. De holle blik in hun ogen, de ingevallen wangen, het was voor haar genoeg geweest om nooit de stap naar harddrugs te zetten.

Opnieuw trilde haar telefoon. Kate zuchtte geïrriteerd. Het was zeker al half elf, misschien wel later. Ze had eigenlijk geen idee hoelang ze al in bad lag te weken. Ze probeerde haar gedachten weer te laten wegdrijven, maar opnieuw klonk haar telefoon. Misschien was het Alistair wel, bedacht ze ineens, en onmiddellijk trok ze de stop uit het bad.

Met een handdoek om haar middel geslagen pakte ze haar telefoon op en zag een paar gemiste oproepen van Bertie. Eigenlijk wilde ze hem negeren, maar omdat ze zelf vanmiddag had benadrukt dat ze beter moesten samenwerken belde ze hem toch terug.

'Dit is een latertje,' zei ze terwijl ze de telefoon op speaker zette en een badjas aantrok. 'Is er iets bijzonders?'

'Die reel,' hijgde hij.

'Van die hatelijke reacties? Loopt die niet goed?'

'Damn it, Kate.'

'Wat?'

'Hoe kon je dit nou doen? Ja, er zijn nu veel views, maar dat zegt niets. Dat is slechts leedvermaak. Ze kijken alleen maar naar de ondergang van het account.'

Ze deed crème op haar handen en smeerde haar benen in. 'Nou, zo'n vaart zal dat niet lopen, toch?'

'Jij hebt geen idee hè?'

'Kom op Bertie, niet zo dramatisch doen. Waarom is dit nou ineens zo erg?'

Met gejaagde stem vertelde hij over de verandering van toon die het account de das kon omdoen. Dat ze altijd optimistisch waren geweest, met ironie en humor. Anders dan de reguliere Britse media die echt hatelijk en gemeen waren. 'Wij waren juist expres nooit zo somber, maar zorgden elke dag voor een bescheiden glimlach op het gezicht van onze volgers. Dat heb je nu verpest.'

'Nou, de vips op onze foto's lachen anders nooit.' Ze prikte met een tandenstoker tussen haar tanden. 'Maar je hebt gelijk, we moeten niet gaan somberen. Aan de andere kant ging het stalken mij echt te ver.'

'Dat is ook zo, Katie.' Bertie zuchtte diep en Kate hoorde zijn ademhaling vertragen. Hij kon explosief reageren, maar was gelukkig nooit lang boos. 'Maar had het even met me overlegd. Weet je nog? Het is óns account.'

Ze grinnikte. 'Weet ik toch, alleen ik was zo boos, ik moest snel iets doen.'

'Dat is ook weer waar.' Ze hoorde dat hij op zijn toetsenbord tikte. 'We kunnen misschien wel een vrolijke noot erachter zetten. Eentje die we nog niet eerder hebben geplaatst.'

Ze waste haar handen. 'Hebben we dan nog ongebruikte foto's?'

'Zeker, hier ik heb hem al. Roan Rivers.'

'Die van *Love Island*?'

'Precies. Nog steeds een grote publiekslieveling. Hij geeft hier in de buurt vanavond ook een groot feest. Dan is het toch nog actueel.'

Ze hadden hem een maand geleden gespot toen hij het huis van een date verliet. In een gescheurde joggingbroek en met een rood aangelopen hoofd. 'Maar hoe maken we van die verlopen look van Roan iets vrolijks?'

'Daar zorg ik wel voor, laat mij maar.'

Kate hing op en poetste haar tanden. Het was niet altijd makkelijk met Bertie, hij was soms nog fanatieker dan zij. Toch werkte de samenwerking nog steeds prima, besloot ze opnieuw. Het hielp dat ze zo eerlijk tegen elkaar konden zijn. En dat ze van verschillende generaties en andere culturen waren, hield het verrassend.

Terwijl ze de handdoek ophing, zag ze een bericht van Benjamin op haar telefoon oplichten. Hij had haar een link gestuurd naar een politierapport over het drugsgebruik in de stad. *Volgens Peter is dit het meest recente beeld,* had hij erbij geschreven. *Horrifying. Prima leesvoer om bij in slaap te vallen.*

Kate lachte hardop en liep naar de keuken voor nog een laatste kop thee. Het was lang geleden dat ze zo vroeg de avond afsloot. Maar het werd tijd dat ze beter op zichzelf lette en haar hoofd voelde fris nu ze twee dagen niets had gedronken.

Net toen ze de theepot had gevuld, zag ze er weer een liggen. Een grote roze envelop, die nu duidelijk onder haar deur door was geschoven.

'*Bollocks, not again,*' fluisterde ze tegen zichzelf.

Met tegenzin liep Kate naar de deur en terwijl ze de brief oppakte besefte ze ineens dat deze dus net hier was achtergelaten. Terwijl zij heerlijk in bad lag te ontspannen, had iemand voor haar deur gestaan. En diegene had dus verdorie toegang gehad tot hun gemeenschappelijke trappenhuis. Haar buik kneep samen. Dit kwam plotseling wel heel dichtbij.

Nee, niet laten opjagen, sprak ze zichzelf direct toe. Kate haalde diep adem en probeerde haar schouders te ontspannen. Zoveel mensen liepen hier door de centrale gang en zij liet zelf ook vaak even de gemeenschappelijke voordeur beneden openstaan. Dit betekende niets. Het kon ook zijn dat Evy of Tom de brief onder de deur had geschoven, op weg naar boven. Dat deden ze geregeld voor elkaar. Gewoon uit aardigheid.

Meteen liep ze naar de zitkamer en keek uit het raam. De straat was redelijk verlaten, alleen een groepje jongeren stond bij de pub buiten te roken. Ze kon vragen of ze iemand hadden gezien? Een persoon die snel in en uit hun gebouw was gekomen.

Toch beter van niet, besloot Kate en liep terug naar de keuken. Ze moest het ook niet te groot maken, ze had de stalker al te veel aandacht gegeven.

Kate keek opnieuw naar de brief in haar hand. Wie had deze net nog vastgehouden? Wat wilde die hiermee bereiken? Ze scheurde de envelop open en nu zag ze een foto van een berg witte pillen. *Date rape drug number one*, stond eronder, *provided by @kateseesyou.*

Wat was dit nou weer? Roofies? Ze was de stalker die nu zelf achtervolgd werd.

Meteen opende ze haar accounts op haar laptop en zag de views en likes op haar reel nog steeds stijgen. Ook verder scrollend kwam ze weinig haat meer tegen. Bertie had de foto van Roan al geplaatst met het rustige *Can't talk. Need bed. Absolutely blotto* eronder. En ook daar werd niet agressief op gereageerd.

Was het dan nu alleen nog op haar persoonlijk gericht? Ging het niet meer om het account? Eigenlijk zou ze nu opnieuw Benjamin willen bellen om even te overleggen. Maar hij had zijn mening duidelijk gemaakt. En Lynn zou het vast ook niet waarderen als haar vriend zo laat weer door zijn ex werd gebeld. Natuurlijk kon ze ook even bij haar bovenburen aankloppen om te vragen of ze de brief bij haar onder de deur door hadden geschoven. Maar na die avond bij Callooh's wilde ze Tom liever nog even vermijden.

Haar schoonouders en vader kon ze natuurlijk zo laat niet meer lastigvallen en Bertie zou alles groter maken dan nodig was. Dit waren de momenten dat ze Tracy miste. Iemand die met een paar nuchtere opmerkingen precies het juiste advies kon geven.

Uiteindelijk stuurde ze Benjamin toch een kort berichtje. Alleen met de vraag of hij het nummer van Peter had. Het leek haar verstandig om het bij de politie te melden. Maar dan wel officieus, nog niet met een echte aangifte. Peter kon vast inschatten wat nu het handigste was om verder te doen.

Een paar seconden later stuurde Benjamin het contact

door, met een groot vraagteken erbij. Kate bedankte hem met een duimpje en schreef alleen dat het voor iedereen beter was als ze dit verder alleen opknapte. Ze schonk een kop muntthee in, deed de lichten uit en draaide op het laatst toch ook nog het extra nachtslot om. Iets wat ze in al die jaren dat ze hier woonde nog nooit eerder had gedaan.

18

'Wat ontzettend leuk dat je belt, Kate.' Peter Magruder klonk jaloersmakend vrolijk op de vroege ochtend. 'Ben zei al dat je mogelijk contact op zou nemen. Hij heeft verder niets verteld, hoor. Maar je treft het, het is vandaag mijn eerste werkdag na een heerlijk kerstverlof. Nog een gelukkig nieuwjaar trouwens. Maar zeg, hoe is het verder met jou?'

Ze vertelde dat ze weg was bij de krant, een nieuw huis had gekocht en dat Alistair alweer zestien was geworden. @kateseesyou liet ze nog even achterwege.

'Naar toch zo'n scheiding.' Peter probeerde wat serieuzer te klinken. 'Het gekke is, ik had het van jullie nooit verwacht. Van sommige stellen hoop je bijna dat ze uit elkaar gaan. Maar jullie leken nog steeds verliefd. Dat zeiden Lilian en ik altijd tegen elkaar: "Hoe doen die twee dat? Zo lang al zo gelukkig samen."'

'Ach ja...' Kate had dit al veel vaker gehoord, maar ze wist eigenlijk nog steeds niet goed hoe ze erop moest reageren. 'Het was ook niet echt mijn wens.'

'Dat hoorden we al. Maar werkelijk die Lynn, wat bezielt Benjamin? Echt een B-keuze, hoor.'

Wat verwachtte Peter nou? Dat ze zou bevestigen dat de nieuwe liefde van haar ex inderdaad veel minder leuk was dan zijzelf? 'Benjamin ziet er gelukkig uit.'

'Allemaal schone schijn natuurlijk. Maar goed, Kate, daar belde je waarschijnlijk niet voor. Wat kan ik voor je doen?'

Ze vertelde kort over haar account en dat in de reacties op de posts vaak werd gerefereerd aan nieuwe drugstrends. 'Om goed in te kunnen schatten wat er speelt wil ik graag van een professional horen waar het precies nu in Londen om gaat. Om het gehijg op social media beter in te kunnen dammen.'

'Ik denk dat je needlespiking bedoelt.'

'Needlespiking?'

'Dat is eigenlijk de enige nieuwe trend die we nu in het drugscircuit signaleren,' antwoordde Peter.

'Help me even, wat is dat precies?'

Kate had gisteren wel het rapport gelezen, maar dat ging vooral over nieuwe soorten synthetische drugs, ze was hier niets over tegengekomen.

Met zijn lichte cockneyaccent deed Peter bondig verslag. 'Het gaat vooral rond in het uitgaansleven. Mensen melden dat ze gedrogeerd worden met een injectie, terwijl ze aan de bar hangen of op de dansvloer staan. Eigenlijk zoals eerder ook al met pillen in drankjes gebeurde, maar dit is dan nog meer random, wat het gevoel van onveiligheid verder vergroot.'

'My god, really?' Ze zag weer de foto van de naald op het aanrecht liggen en draaide het beeld onmiddellijk om. Meteen schoof ze haar muesli aan de kant. Ineens had ze geen honger meer. 'Wat is het motief dan?'

'Lastig te zeggen. Sommige meldingen gaan over verkrachtingen waarvan vrouwen de gevolgen ondervinden maar zich nauwelijks kunnen herinneren dat het is gebeurd of dat mensen beroofd in een steegje zijn achtergelaten en pas uren later wakker worden.'

'Hoe vaak komt dit eigenlijk voor?' Kate merkte dat ze vanzelf in de journalistieke modus schoot. Gewoon rustig blijven doorvragen. 'Gebeurt het alleen hier?'

'We hebben in Groot-Brittannië inmiddels al bijna tweeduizend meldingen. Maar het schijnt ook voor te komen in Amsterdam, Brussel, Parijs. Eigenlijk in alle Europese steden wel.'

'Neemt het sterk toe?'

'Een volledig beeld van cijfers ontbreekt helaas. "Drogeren" is namelijk niet een aparte categorie bij ons. De ene melding valt onder mishandeling, de ander onder beroving met geweld, aanranding of een simpel drugsdelict.'

'En om welke drugs gaat het dan?'

Peter schraapte zijn keel en wachtte even. 'Kate, ik ga je nu iets vertellen wat ik eigenlijk niet mag zeggen, maar Ben is een maatje van mij, dus...'

'Ik hou het verder stil,' zei ze snel. 'Het blijft echt onder ons.'

'Nee, nee, dat weet ik natuurlijk ook.' Peter begon direct zachter te praten. Waarschijnlijk om te voorkomen dat collega's meeluisterden. 'Kijk, we hebben eigenlijk nog maar weinig bewijs dat het ook echt gebeurt. Er zijn wel meldingen van prikgaatjes, en onwel geworden jongeren. Maar die blijken dan dronken, of resten van paddo's of GHB in hun bloed te hebben. Allemaal best moeilijk om in te spuiten. Het kan natuurlijk wel zijn dat er een drug is die we nog niet kennen.'

'Hoe gaat het verder met het politieonderzoek?' vroeg ze door. Het interviewen voelde weer zo vertrouwd. 'Met camerabeelden van clubs of getuigenverklaringen van personeel?'

'Dat ligt ook lastig.' Peter fluisterde nu bijna. 'De politie verdenkt sommige horecaeigenaren ervan zelf mee te werken aan de *spikings*. Daarom nemen we het bij het openbaar ministerie echt heel serieus. We hebben er net een groot rechercheteam op gezet. En er is een wet in de maak om needlespiking als apart delict te kunnen registreren.'

'Zijn er al mensen aan overleden?'

'Voor zover we weten niet.'

Ze dacht aan Noelle en Viola. 'Wordt bij een overdosis eigenlijk gecheckt of het om needlespiking zou kunnen gaan?'

'Niet systematisch helaas, dat ligt aan de schouwarts. Maar het blijft heel moeilijk om het te zien. Sommige meldingen gaan ook over prikjes in je nek. Nou, probeer die maar eens terug te vinden.'

'Verdorie, Peter, dit is geen kattenpis.'

Hij grinnikte. 'Zo zou je het inderdaad heel kort kunnen samenvatten.'

Ze waren beiden even stil. Op de achtergrond hoorde Kate stemmen steeds luider worden.

'Sorry, Kate, de ochtendbespreking begint zo,' zei Peter. 'Kan ik nog iets voor je betekenen?'

Ze dacht weer aan de haatberichten, de graffiti, de enveloppen, het gevoel dat ze werd gevolgd. Eigenlijk de belangrijkste reden dat ze had gebeld. Maar ineens vond ze het zelf ook nog te vaag. Benjamin had gelijk, ze kon beter nog even wachten voordat ze alarm zou slaan. Misschien ging het vanzelf wel over. Bovendien, nu zou het te paniekerig over kunnen komen met het risico dat Peter het überhaupt niet serieus zou nemen.

'Voor nu even niet, maar ontzettend bedankt,' zei ze en ze zette het koffieapparaat aan. 'Mag ik je nog eens bellen als ik toch nog vragen heb?'

'Natuurlijk, Kate, altijd. Ik ben hier de komende week gewoon weer aan het werk. En doe veel groeten aan Ben, hè.'

Ze maakte een cappuccino en trok ondertussen haar hardloopkleren aan. Al was het koud, even een kort rondje over Weavers Fields hielp misschien om haar hoofd wat leger te maken. Ze had Bertie beloofd vanmiddag weer aan het werk te gaan. Maar als ze snel was, kon ze wellicht vanochtend toch nog een paar uur proberen te schrijven. Ze zette haar muts op en wilde haar oortjes indoen toen ze iemand de trap af hoorde rennen. Door het spionnetje in de deur zag ze Tom, ook in sportkleren, voorbijschieten.

Kate wachtte even. Nu was Evy misschien alleen en kon ze achteloos naar de roze enveloppen informeren. Ze liep de gang op, deed haar deur dubbel op slot en nam de trap naar boven. De deur stond op een kier en Billie Eilish dreunde door de kamer.

'Evy?' vroeg Kate toen ze naar binnen liep.

Haar bovenbuurvrouw zat op de grond met drie stapels bankbiljetten voor zich.

'Hé Katie!' reageerde Evy meteen enthousiast en zette de muziek zachter. 'Wat gezellig.'

'Stoor ik?'

'Tuurlijk niet, ga zitten.' Evy wees naar de ponden voor zich. 'Ik ben even de schade aan het berekenen. Bloody hell, wat zijn die kinderwagens duur.'

'Het is nog een wonder dat alle jonge ouders niet meteen failliet gaan. Misschien is tweedehands een optie?'

Evy grinnikte. 'Heb jij er dan nog een beschikbaar?'

'*I wish*.' Kate bleef aan de rand van het kleed staan. 'Ik ga zo rennen, maar ik wilde vragen of jullie normaal de post bezorgd krijgen.'

'Post? No way.' Nu schoot Evy echt in de lach. 'Ik kan me nauwelijks nog herinneren dat ik vroeger ooit wel brieven kreeg.'

'Ik bedoel rekeningen.' Kate glimlachte maar voelde zich ongemakkelijk worden. Hoe ging ze nou nog onopvallend naar die roze enveloppen vragen? 'Of uitnodigingen of zo.'

'De enige die in dit gebouw nog af en toe wat krijgt ben jij. Ik heb laatst nog een brief voor je deur neergelegd. Ik heb aangebeld, maar je deed niet open.'

Kate haalde opgelucht adem. 'Ik zat in bad. Maar dank je, die heb ik gevonden.'

'Wil je echt niet een kop koffie?'

Ze schudde haar hoofd. 'Ik ga snel een rondje doen. En daarna weer gewoon aan het werk.'

'Ja, hoe gaat dat?' Evy maakte van de drie stapels een grote hoop. 'Ik zag je reactie op die graffiti hier. *Welll done, babe.*'

'Het was nog wel wat erger. Maar goed, laten we hopen dat het nu rustiger wordt. Ons volgersaantal stijgt in elk geval nog steeds.'

'Daar gaat het om.' Evy probeerde op te staan, maar kwam niet omhoog en Kate stak haar hand uit. 'Dank je, ik voel me ondertussen een walvis. Maar ik heb nog acht weken te gaan.'

'Misschien af en toe wat relaxen?' stelde Kate voor terwijl ze naar de deur liep.

'Wie weet.' Evy liet zich op de bank vallen. 'Kom je snel een andere keer een drankje doen?'

'Altijd gezellig. Tot later.'

Kate rende de trap af en voelde dat het makkelijker ging. Misschien was de rust eindelijk teruggekeerd en kon 2023 toch nog ontspannen beginnen.

19

Toen ze aan het laatste rondje om het veld was begonnen, hoorde ze door 'Fragile' van Sting heen een aantal meldingen binnenkomen. Kate keek op haar horloge. Meestal kwam er een lange reeks berichten rond een uur of negen binnen, als de journalisten net uit hun eerste redactievergadering kwamen. Maar nu was het kwart voor tien, dus waarschijnlijk was er echt hard nieuws.

Kate rende wat harder in een poging de piepjes te negeren, maar ze kon haar nieuwsgierigheid niet onderdrukken en stopte bij een bankje. Op het scherm zag ze onmiddellijk de banner met *breaking news*. Ze klikte verder en zag een foto van Roan Rivers. Jezus, dat was hun eigen foto van hem, maar dan zonder haar hoofd erop. *Rivers in coma*, stond erboven. Vlug scande ze de korte tekst eronder.

Roan zou op zijn eigen feest plotseling onwel zijn geworden. Eerst leek hij ineens heel dronken te zijn, toen begon hij heftig over te geven en vlak daarna zelfs te schuimbekken. Nog voordat de ambulancebroeders er waren, was hij bewusteloos geraakt.

Met trillende handen zocht Kate naar de app van *The Sun*, terwijl de meldingen van haar Instagramaccount onophoudelijk binnenstroomden. De ergste tabloid van het land maar vaak wel met de meeste getuigeninterviews. Hier was de kop *Our darling under water*, flauw refererend aan zijn achternaam. En opnieuw hun foto. In de tekst werd aan de gasten op het feest gevraagd of Roan een drugsprobleem had, zoals zijn uiterlijk op hun foto zou suggereren. De aanwezigen ontkenden dit maar de krant impliceerde dat hij waarschijnlijk cokeverslaafd was. Of dat het anders misschien needlespiking zou kunnen zijn.

Ze belde Bertie. Geen gehoor.

Bel me!!! stuurde ze er een bericht achteraan.

Nu kwam er ook een signalering van de BBC binnen. Die hadden een foto geplaatst van het huis van Roan, hier vlakbij, naast Bethnal Green, met een ambulance ervoor. Hun eigen foto stond pas aan het eind van het artikel, met de vraag of Roan misschien al langer ziek was. Verder stond er niets nieuws in het bericht.

Ook de site van de *Daily Mail* leek geen nieuwe feiten te brengen. Maar onderaan zag ze ineens toch precies waar ze bang voor was. De foto's van @kateseesyou van Sally, Noelle, Viola en Roan! De tabloid had ze uitvergroot en op een rijtje naast elkaar gezet. Daaronder in vette hoofdletters stond de kop: KATE, WHAT'S HAPPENING? Eronder werd hun account in kleinere letters vermeld.

Kate hapte naar adem. Dit ging helemaal fout. Nog meer pop-ups van andere nieuwssites verschenen in haar scherm, en toen ze de Instagram-app opende zag ze een duizelingwekkend aantal DM's. Kate sloeg haar handen over haar oren. Dit moest nu stoppen.

'Fuck,' gilde ze zo hard dat een voorbijganger stopte.

De man keek haar van onder zijn hoed bezorgd gaan. 'Gaat het wel, mevrouw?'

'Alles in orde, *thanks*.' Ze knikte en stond meteen op. 'Maar ik moet wel onmiddellijk naar huis.'

Razendsnel rende ze het park uit, terwijl de piepjes van meldingen continu op haar oortjes binnen bleven komen. Zonder te wachten of de auto's zouden stoppen, stak ze bij het zebrapad over naar de brede Cheshire Street. Zich verexcuserend naar mensen op de stoep, bleef ze maar doorrennen. Ondertussen voelde ze de druk op haar borst toenemen. Pas op de hoek bij Sclater Street belde Bertie.

'Darling Kate, hoe is het?'

Ze bleef hijgend staan. 'Hoe is het? *It sucks*, natuurlijk!'

Haar ademhaling begon te piepen.

'Vreselijk, ja. Dat arme joch.'

Ze zocht steun bij een lantaarnpaal. 'Je wist het?'

'Tuurlijk, jouw collega's belden mij al vroeg wakker. Of ze de foto mochten kopen. Welke, vroeg ik nog een beetje plagend. Maar no worries, ze hebben er heel veel geld voor betaald.'

'Waarom belde je mij dan niet eerst?' Haar stem klonk ineens heel hees. 'Dat hadden we toch afgesproken?'

Bertie zuchtte. 'Een beetje vertrouwen mag wel hoor. Ik wilde je lekker laten slapen. Het was een uur of zes vanochtend. En je was de laatste tijd zo moe... Wat maakt het ook uit? We hadden de foto toch al geplaatst. En ik heb jouw hoofd er keurig uit gesneden.'

'Maar heb je dan de media niet gezien?' vroeg ze nu kuchend.

'Gaat het wel? Waar ben je?'

'Ik was aan het rennen.' Ze schraapte haar keel. 'Maar luister, ze impliceren weer dat wij er iets mee te maken hebben.'

'Wie?'

'De *Daily Mail*.'

Bertie schoot in de lach. 'Katie, die kan je toch niet serieus nemen? Niemand neemt die krant nog serieus. En jij normaal al helemaal niet.'

'We moeten stoppen.'

'Wat?'

'Ja, echt. Dit kan zo niet langer doorgaan. Misschien tijdelijk, maar we moeten @kateseesyou even niet meer voeden met nieuwe content.'

'Kate, dit meen je niet.'

'Luister Bertie,' begon ze, maar ze kwam nu in een echte hoestbui terecht.

'Gaat het? Je astma?'

Kate wilde wel antwoorden dat ze geen aanval had, maar ze kreeg de hoest niet meer onder controle.

'Ik bel je later,' besloot Bertie uiteindelijk. 'Ga eerst rustig naar huis, drink wat water, neem een puf en dan zal ik ondertussen een rekensom maken van de laatste paar dagen. Misschien denk je er straks anders over als je hoort hoeveel geld we nu aan het verdienen zijn.'

Zeker weten van niet, wilde ze zeggen maar ze kreeg er alleen een 'goed' uit en hing op. Kuchend liep ze naar het kleine supermarktje op de hoek waar de altijd vriendelijke man achter de kassa al een glaasje water voor haar had neergezet.

'Ma'am, alles in orde?'

Kate gebaarde dat ze zich had verslikt en even op adem moest komen. Hij kwam van achter de kassa aanlopen met een krukje.

'Hier. Gaat u maar even rustig zitten.'

Ze knikte hem dankbaar toe en ging voorzichtig op het wankele krukje zitten. Met korte zuchtjes en kleine slokjes water probeerde ze weer op adem te komen. Ondertussen keek ze naar de klanten die binnenkwamen. Twee werklui kochten wat zakken chips, een oudere man kwam kuchend zijn sigaretten halen en een vrouw met een hoofddoek liep met een krant naar buiten. De laatste editie van *The Sun*, met Roans foto op de voorkant.

Meteen keek Kate weg en haar ademhaling versnelde weer. Dit was zo niet vol te houden. Ze moesten deze mediastorm proberen te stoppen. Natuurlijk was het herstel van Roan het belangrijkste nu, maar ze zouden vooral helpen door nog een vernietigende shitshow te voorkomen. Hoe vervelend voor Bertie ook, zij was nog altijd de eigenaar van het mediabedrijfje en bepaalde uiteindelijk wat er gebeurde.

Kate kreeg langzaamaan wat meer zuurstof binnen en het lukte weer om te gaan staan. Snel bedankte ze de man. Hij glimlachte breed terug en hielp toen twee meisjes die ieder een flesje cola kochten. Ineens draaide de kleinste zich om. 'Hé, daar, ben jij niet die van @kateseesyou?'

Kate trok haar muts verder over haar oren, schudde driftig haar hoofd en liep snel weer naar buiten. Wat een ellende! Ongeacht welke argumenten Bertie ook ging aandragen, de stekker ging eruit. Dit kon ze echt niet langer volhouden.

Kate stapte de douche uit en deed haar badjas aan. Na het rennen was ze meteen de badkamer in geschoten, want vandaag wilde ze niets meer. Een *bunkerdag*, zoals ze dat vroeger bij de krant noemde. Als ze een paar dagen achter elkaar hard had gewerkt aan heftig nieuws, zoals bij de vier Al Qaida-aanslagen in het centrum van Londen in 2005, dan sloot ze zichzelf daarna vierentwintig uur in haar eigen huis op. Geen televisie, telefoon of computer. In totale isolatie met de gordijnen dicht. Dan las ze een boek, rommelde wat in de keuken en liet ze lekker eten komen. Na al die indrukken en sociale contacten was dat dan nog de enige manier om te kunnen opladen. Benjamin begreep dat gelukkig, en liet haar dan ook echt met rust.

Nu moest ze alleen nog Bertie overtuigen van het opschorten van het account. Ze deed haar lenzen uit, zette haar bril op en liep naar de zitkamer. Haar telefoon zat nog in de oplader en ze probeerde hem eruit te halen zonder de nieuwsmeldingen te zien. Maar ze schreeuwden haar vanaf het scherm toe: negentien nieuwe berichten, en ze onderdrukte de neiging haar telefoon direct weer weg te leggen. Toen zag ze een gemiste oproep van haar vader. Die wilde ze wel graag even spreken.

'Hé lieverd, hoe is het met je?'

Zijn warme, empathische stem bracht meteen tranen in haar ogen. 'Niet zo goed, heb je het gezien?'

'Ingrid heeft het me net allemaal voorgelezen.'

'Het is zo erg, pap.' Kate hoorde dat haar stem trilde en ze slikte een paar keer. 'Ik durf gewoon de nieuwssites niet meer te openen. Elke keer staat er weer nieuwe ellende op. Ik ben echt bang voor het nieuws geworden. Kun je het je voorstellen? Het is volkomen absurd.'

'Het is inderdaad niet best, lieverd.'

Kate vertelde dat ze haar account wilde opheffen. In elk geval totdat er geen mysterieuze sterfgevallen meer zouden zijn en Sally en Roan hopelijk hersteld waren.

'Dat klinkt als een wijs besluit. Je moet ervoor waken dat je er te veel in wordt getrokken terwijl je er eigenlijk niets mee te maken hebt. Althans, daar ga ik van uit.'

'Vooralsnog lijkt het inderdaad allemaal stom toeval. Maar misschien is er ook wel meer aan de hand. Ach, ik weet het ook niet, pap. Stoppen is volgens mij het enige juiste dat ik kan doen.'

'Helemaal mee eens. Wil je anders hier een paar daagjes komen uitrusten? Ver weg van die afschuwelijke Britse media.'

Ja, graag, had ze het liefst geantwoord maar ze wist dat dat een vlucht zou zijn. Nee, ze moest in Londen blijven en hier deze vreselijke storm uitzitten. 'Beter van niet, pap. En nu moet ik echt ophangen en snel de dingen hier gaan regelen. Doe je veel liefs aan Ingrid?'

Ze drukte haar vader weg en belde Bertie.

'Goed dat je belt, Kate.' Hij klonk gehaast. 'Ik wilde net hetzelfde doen. Ik heb er nog eens over nagedacht en ik ben het eigenlijk helemaal met je eens.'

'Echt? Wil je ook stoppen?' Ze zuchtte diep. 'Dit is zo'n opluchting.'

'Voor mij voelt het uiteindelijk ook beter zo. Even geen posts meer.'

Ze zuchtte nog eens. 'We hebben nu echt geen andere keus.'

'Helemaal eens. En ik heb meteen al een post gemaakt om de radiostilte aan te kondigen. Ik dacht aan een zwart vlak, met in witte letters *#TimeOut. All the best for all.*'

'Perfect.'

'Zal ik hem dan zo meteen al plaatsen?'

'Ja, zo snel mogelijk graag. Bertie, ik ben hier zo blij mee, je hebt geen idee.'

Bertie kuchte. 'Vooral omdat @Takingthepiss16 weer actief is.'

'Wat?' vroeg Kate hoewel ze het eigenlijk niet wilde horen. Niet nog meer ellende. Hoe kon dit? Alistair was op

Barnham, zonder telefoon. 'Wat schrijft hij nu dan?'

'Heel vaag eigenlijk. Ik begrijp er niets van.'

'Kom, vertel.'

'Dat elke dag iemand een naald gaat krijgen.'

Kate deed een stap naar achter, greep naar een stoel en zonder dat ze het doorhad gleed de telefoon uit haar handen en knalde op de grond. Ondertussen hoorde ze Bertie haar naam roepen, maar ze kon niet meer reageren. Het leek alsof haar stem definitief was verdwenen.

20

Kate hield haar hoofd onder de kraan en liet de warme stralen over haar nek lopen. *Keep it together Kate*, zei ze tegen zichzelf. Peter moest dit zo snel mogelijk weten, maar eerst moest ze Benjamin bellen. Ze moesten samen achterhalen of Alistair toch weer bezig was geweest. Misschien met een andere prepaid die hij weer had geleend van die slome Jamie.

Verdorie, ze wíst het. Ze had gevoeld dat haar zoon ergens over had gelogen. Zo ontzettend stom dat ze niet had doorgevraagd toen ze hem sprak.

Kate depte haar gezicht droog en belde Benjamin. Voicemail. Ze keek op haar telefoon. Het was inmiddels bijna lunchtijd. Dan had hij meestal geen zittingen. Maar misschien was hij helemaal nog niet aan het werk vandaag. Had hij niet gezegd dat hij een paar dagen vrij zou nemen?

Ze keek op WhatsApp en zag dat hij al vanaf 6.50 uur vanochtend niet meer online was geweest. Toch stuurde ze een berichtje dat hij haar moest bellen, al bleef dat inderdaad ongelezen. Lynn dan, al zat ze niet op haar geslijm te wachten. Maar ook zij nam niet op en ook zij had na 6.50 uur geen berichten meer gelezen. Verdorie, Benjamin had haar nog zo beloofd om Alistair goed in de gaten te houden.

Nu moest ze Louise wel bellen, ze had geen andere keus meer.

'Hé, lieverd, wat fijn dat je belt.' Louises stem klonk heel opgewekt, bijna iets té. 'Alles gaat hier uitstekend, hoor.'

'Nou, hier helaas niet.'

In een paar korte zinnen legde Kate uit wat er speelde met Roan, haar account en de ophef eromheen. In een fractie van een seconde besloot ze om Louise toch nog niet over de mogelijke betrokkenheid van Alistair te vertellen. Eerst moest ze Benjamin te pakken zien te krijgen en met hem een strategie bedenken.

'Och, wat vreselijk allemaal. Tja, we kijken hier helemaal geen nieuws meer. Ik heb het allemaal niet meegekregen. Wat ga je nu doen?'

'We hebben het account op zwart gezet. Letterlijk, maar waarschijnlijk tijdelijk. En daar wil ik het graag met Benjamin over hebben. Ik wil hem om wat juridisch advies vragen,' loog ze. 'Maar ik kan hem niet bereiken. En Lynn heb ik ook al geprobeerd. Heb jij enig idee waar hij kan zijn?'

'Sorry, lieverd. Ik wilde het je eigenlijk niet zeggen.' Louise schraapte haar keel. 'Zeker niet omdat je daar nu zo ellendig in je eentje zit. Maar iedereen is hier. Ze zijn met z'n allen al de hele ochtend druk bezig bij de eendenvijver. Volgens mij zijn ze eindelijk al dat hoge riet aan het verwijderen. Maar op dat stuk van het land is geen enkel bereik.'

'Wat een opluchting.'

'Echt waar?' zei Louise lachend. 'Die reactie had ik niet zien aankomen. Ik dacht dat het misschien juist pijnlijk voor je zou zijn. Iedereen gezellig hier. Maar goed, Ben en Lynn zijn dus gisteravond laat aangekomen en vanochtend is iedereen direct na het ontbijt aan de slag gegaan. Ze lunchen daar bij een van de pachtboeren.'

'Weet je welke?'

'Nee, er zitten daar twee in de buurt, maar ik kan er wel even heen rijden. Vragen of Ben je daar direct met een landlijn wil bellen. Bij een van de boeren thuis.'

'Wil je dat echt doen?'

'Natuurlijk, geen enkel probleem.' Kate hoorde Louise opstaan. 'Ik doe nu mijn jas aan en pak direct hier de oude Jeep. Hooguit tien minuten.'

'Heel erg bedankt Louise. Ik wacht.'

Kate liep heen en weer door de kamer. Het was op zich een goed teken dat Alistair de hele ochtend in een digitale woestijn had gezeten. Zelfs als hij toch nog ergens een telefoon had weten te bemachtigen, had hij er vandaag in elk geval niets mee gekund. De kans was dan heel klein dat hij @Takingthepiss16 opnieuw had geactiveerd. Maar wie dan wel?

Ze zette koffie en ondertussen bleven de nieuwsalerts op

haar telefoon binnenkomen. En net toen ze een berichtje van Peter binnen zag komen, belde Benjamin.

'Hé, Kate, wat is er zo urgent?'

Ze slikte. 'Heeft Louise je al iets verteld?'

'Weer iets met dat account van je? Het werd me niet heel duidelijk.'

Kate hoorde aan zijn stem dat hij zijn irritatie maar moeilijk kon onderdrukken, maar ze probeerde zich er niet door te laten beïnvloeden. Opnieuw legde ze kort uit wat er was gebeurd en dat ze @kateseesyou op zwart hadden gezet.

'Dat komt dan geen dag te vroeg.'

Kate klemde haar tanden op elkaar. De morele superioriteit die onder zijn reacties sluimerde was zo ergerlijk. 'Daar zijn veel volgers het niet mee eens, maar laten we die discussie niet weer starten. Er is namelijk een veel groter probleem.'

'Ik luister.'

'@Takingthepiss16 is weer actief.'

'*Goddamnit*.'

'En nu met een dreigement.'

Kate vertelde over de roze enveloppen met foto's van naalden, wat Peter had uitgelegd over needlespiking en over de boodschap dat vanaf nu elke dag iemand een naald zou krijgen.

Benjamin reageerde niet meteen. Zijn ademhaling klonk zwaar en op de achtergrond werd ineens hard gelachen.

'Wacht, ik sluit hier even de deur.' Ze hoorde zijn voetstappen op de krakende oude vloer en de deur die net te hard werd dichtgeslagen. Daarna schoof hij een stoel aan. 'Dit is inderdaad heel groot. We moeten het stap voor stap bekijken.'

Ze legde uit dat Alistair het waarschijnlijk niet had kunnen doen, vanwege het gebrek aan bereik bij de eendenvijver.

'Goed punt. Maar dat zegt toch niet zoveel. Hij zou het ook aan iemand anders hebben kunnen uitbesteed. Hoe heet dat slome joch ook weer?'

'Jamie.'

'Precies. Daar had hij in eerste instantie toch ook die telefoon van?'

'Klopt, maar dan nog, waarom zouden ze dat doen? Alistair leek echt te begrijpen dat hij te ver was gegaan.'

'Dat gevoel had ik ook.' Benjamin zuchtte diep. 'Hij was vanochtend zo vrolijk. Ik heb hem nog nooit zo hard zien werken.'

Plotseling voelde Kate wel die steek in haar buik. Dat haar gezin het samen fijn had, maar dat ze er niet langer onderdeel van uitmaakte. Ze had er nu alles voor overgehad om ook aan die stomme rietkragen te kunnen trekken en ondertussen van het plezier van haar eigen zoon te kunnen genieten.

'Probeer hem uit te horen zonder dat je hem beschuldigt,' probeerde ze zakelijk te klinken. 'Het kan natuurlijk ook nog dat zijn account is gehackt en nu door iemand anders wordt misbruikt.'

'Kan dat?'

'Volgens mij wel.' Ze knikte, hoewel Benjamin dat natuurlijk nu niet kon zien. 'Dat gebeurt weleens met vips, maar ik weet niet hoe moeilijk dat is.'

Het was weer even stil. Ze stelde zich voor hoe hij daar nu zou zitten. Met zijn oude jagersjas in een versleten leunstoel in de warme opkamer van een boerderij. Laarzen onder de modder, haren in de war en zijn wenkbrauwen samengetrokken in een bezorgde frons.

'We moeten Peter bellen,' besloot Benjamin uiteindelijk. 'Wil jij dat doen? Dan neem ik Alistair hier apart. Ik ga wel even met hem wandelen.'

'Dat lijkt me verstandig. Maar zal ik Peter alles vertellen? Ook over Alistair? Dat heb ik eerder nog niet gedaan.'

'Absoluut niet!' Nu klonk Benjamin weer als de advocaat die nog maar weinig zaken had verloren. 'Dat lijkt me toch wel duidelijk, Kate. We gaan onze zoon niet voor de leeuwen gooien zonder dat we weten wat er is gebeurd.'

'Jezus, zo bedoelde ik het natuurlijk ook niet.' Opnieuw die irritante arrogantie. 'Ik wilde het sowieso heel feitelijk houden, en ik zal Peter om advies vragen of ik aangifte moet doen. Van stalking, bedoel ik.'

'Dat lijkt me nu wel het juiste moment. Ongewenste berichten, indirect dreigen met geweld, mogelijke achtervolging. Het is inmiddels een fors rijtje geworden.'

'Helaas wel ja.'

'Even iets anders.' Benjamins stem werd zachter. 'Ben jij

wel oké? Misschien kun je bij iemand logeren. Tracy zou het vast heerlijk vinden.'

'Die zit in Nepal. Stilteretraite. Voor een maand.'

'Typisch.'

Nu schoten ze allebei in de lach. Ze hadden wel vaker samen grappen gemaakt over Tracy en haar eeuwige zoektocht naar rust. Een onmogelijke opgave voor haar als ADHD'er.

'Nee, maar even serieus,' ging Benjamin verder. 'Ik vind het echt geen goed idee dat je daar alleen slaapt. Ze weten duidelijk waar je woont. Waarom heb je me eigenlijk niet verteld over de enveloppen? Dat is echt zorgelijk.'

'Nou, eerlijk gezegd reageerde je niet echt bezorgd op die tag op de muur. Dus ik wilde niet te dramatisch overkomen.'

'Lieve Katie... het spijt me.'

Die warme stem. Hij leek ineens zo dichtbij.

'Nou goed, ik bel Peter dus,' zei ze daarom snel. 'Ik zal hem ook vragen of logeren verstandig is. Ik kan natuurlijk altijd bij Bertie terecht.'

'Of bij ons.'

Het woordje 'ons' kwam hard binnen. Hij was nu onderdeel van een ander stel. Dat moest ze eindelijk eens gaan accepteren. 'Dank je, maar het zal wel loslopen. Bel je mij zodra je Alistair hebt gesproken?'

'We houden contact, hou je taai.' Even leek hij nog iets te willen zeggen, maar zei uiteindelijk alleen 'tot later' en ze hingen tegelijkertijd op.

21

'Als ik dit zo hoor, lijkt me het inderdaad verstandig om aangifte te doen,' zei Peter rustig, maar zijn stem klonk nog steeds opgewekt. 'Ik stuur zo wel iemand naar je toe.'

'Zal ik niet naar het bureau komen?' vroeg Kate. 'Dat zit hier om de hoek, bij het metrostation.'

'Nee, blijf lekker thuis. Het is veel te koud.' Peter riep iets naar een collega wat Kate niet verstond. 'Benjamin zou hetzelfde voor mij doen.'

Dat wist Kate niet zeker, maar het was inderdaad fijn om niet de deur uit te hoeven. Ze wilde hier blijven om het nieuws over Alistair af te wachten, maar dat kon ze Peter natuurlijk niet zeggen. 'Heb je al meer informatie over Roan? Knapt hij op? Weten ze om welke drugs het gaat?'

'In het St Thomas wordt uitstekend voor hem gezorgd, maar ze kunnen verder nog niets zeggen. De uitslagen van de drugstesten kunnen uren duren. Sorry, wacht even.' Ze hoorde dat hij zijn hand op de hoorn legde. Er klonk alleen wat vaag geroezemoes. ‘Kate, ik hoor net dat er binnen een uur twee detectives naar je toe komen. Zij zullen je verklaring opnemen. Vergeet niet die brieven te laten zien en je accountgegevens door te geven. Als er al een link is tussen de foto’s en de overdoses moet de recherche wel helder hebben wie jullie de laatste tijd hebben gefotografeerd.’

‘Duidelijk. Nog meer waar ik op moet letten?’

‘Ja, ik zit met dat account. Ik begrijp waarom jullie alles op zwart hebben gezet, maar het zou toch goed zijn als het actief blijft. Dat lokt die @Takingthepiss16 wellicht sneller uit zijn tent.’

Alleen al het noemen van het account voelde als een stomp in haar maag. Ze hoopte zó dat het niet hun eigen zoon was. Maar het zou wel heel ingewikkeld worden als de politie daar straks achter zou komen. Ineens wist ze niet meer zeker of het wel verstandig was om nu niets aan Peter te vertellen.

‘Kate, hoor je me nog?’

‘Sorry, ik dacht even met je mee. Maar openhouden voelt toch risicovol.’

Peter zuchtte. ‘Dat is waar. Overleg het maar met de detectives straks. Die weten toch meer dan deze simpele *prosecutor*.’

‘Veel dank Peter.’

Kate wilde ophangen, maar Peter voegde nog toe dat hij een patrouillewagen voor haar deur wilde laten posten.

‘In ieder geval de komende vierentwintig uur,’ legde hij

uit. 'Ik wil wel heel graag die roze-brievenschrijver onderscheppen.'

'Denk je dat het serieus nodig is?'

'Nee.' Peter lachte hardop. 'Maar ik zou mijn grote vriend Ben nooit meer recht aan durven kijken als ik de liefde van zijn leven niet zou beschermen.'

In die ene zin zat zoveel waar ze op kon reageren, maar Kate bedankte hem alleen nog een keer en hing op.

Voor de derde keer maakte Kate een nette stapel van de kranten die op haar eettafel lagen. Het was zeker dertig minuten geleden dat ze Peter had gesproken. De agenten zouden hier over een half uurtje al kunnen zijn. En nog steeds had Benjamin haar niet teruggebeld. Ze had al twee keer de landlijn geprobeerd, maar daar nam nu niemand meer op.

Bizar, hoe iedereen gewend was elkaar vierentwintig uur per dag te kunnen bereiken. En dan helemaal ontheemd te zijn als dat niet meer kon. Ze checkte opnieuw de reacties op de zwarte post. De meesten waren positief maar ze vonden het ook jammer en veel volgers begrepen het niet zo goed.

Het verband tussen de foto's en de overdoses werd wel genoemd, maar nu eerder als bizar toeval geframed. De complottheorieën van een paar dagen geleden kwamen weinig terug. Op de opmerking van @Takingthepiss16 over de naalden werd vooral met veel vraagtekens gereageerd. Misschien zou het dan toch met een sisser aflopen.

Ze plofte op de bank en wilde opnieuw de landlijn proberen toen ze zag dat Benjamin haar belde.

'En? Vertel!'

'Rustig, Kate, please,' zei hij weer met die belerende stem. 'Ga eerst even zitten.'

'Ik zit al.'

Benjamin zuchtte. 'Eerst maar het goede nieuws. Alistair is het dit keer zeker niet.'

'O, dit is zo fijn.' Kate voelde de spanning direct van haar af glijden. 'Wat zei hij precies?'

'Hij begon eerst te huilen.'

'Nee, dat arme joch.' Het verlangen om hem vast te houden kwam weer op, maar ze probeerde zich op het gesprek te concentreren. 'Voelde hij je wantrouwen?'

'Dat was het niet. Hij schrok vooral. Omdat hij wist hoe bang jij moest zijn geweest. En hij maakte zich zorgen dat je hem misschien niet zou geloven.'

'Dat is eigenlijk best lief.' Ze slikte haar eigen tranen weg. 'Mag ik hem zo ook even aan de telefoon?'

'Natuurlijk, dat wil hij ook graag. Maar zal ik eerst nog vertellen waarom ik zo zeker ben dat hij het niet is?'

'Graag.'

Benjamin legde uit dat Alistair hem erop had gewezen dat dit een ander account was. Hij had destijds @Takingthepiss16 gemaakt, nu was het @Takingapiss16. Dus het was heel gericht bedoeld om verwarring te scheppen, maar Alistairs account zelf was niet gehackt.

'Bizar, dat was me helemaal niet opgevallen. Maar dat

zal een hele opluchting voor hem zijn geweest.'

'Zeker.' Ze hoorde dat Benjamin zijn stoel verschoof. 'Maar dan is er ook nog het slechte nieuws.'

'Daar zit ik nu wel echt op te wachten.'

'Was het maar een grap...' Benjamin zuchtte weer diep. 'Lynn heeft nog even wat onderzoek naar dat account gedaan. Zoals je weet is ze echt een computernerd.'

Kate wist dat helemaal niet en vond die omschrijving ook echt niet bij deze B-actrice passen, maar zei niets. 'Ja hè, die jonge millennials zijn allemaal computergeeks.'

'Haha, Kate, grappig, hoor. Ze is vierendertig. Nou ja, whatever, Lynn ontdekte dat het account mogelijk is gekocht.'

'Mogelijk? En wat zou dat dan betekenen?'

'Ze moet er nog meer onderzoek naar doen. Maar de eigenaar heeft de accountnaam gekocht om anoniem te blijven.'

'Dat lijkt me een no-brainer.' Kate hoorde haar eigen zure toon en probeerde het direct recht te zetten. 'Maar fijn dat ze meedenkt. Dit moet ik ook zeker aan de politie meegeven.'

'Natuurlijk. Heb je Peter trouwens als gesproken?'

Kate vertelde over zijn ongerustheid en de agenten die zo zouden komen en over de patrouillewagen. 'Ik denk dat het verstandig is om de agenten wel over Alistair te vertellen. Nu we weten dat hij er niet achter zit,' zei ze ten slotte.

'Echt?' vroeg Benjamin.

'Ja, anders komen ze er zelf achter en lijkt het alleen maar verdachter. Bovendien, nu kan ik het nog een beetje downplayen, dat het een ondoordachte puberactie was.'

'Daar heb je helemaal gelijk in,' beaamde Benjamin. Nadat ze hadden doorgesproken wat ze van de vragen van de detectives kon verwachten, riep Benjamin hun zoon erbij.

'Mam, gaat het wel met je?' vroeg Alistair meteen. 'Echt sorry mam. Dit wilde ik niet. Echt niet.'

Kate verzekerde hem dat ze dat begreep, dat de politie er nu bij werd betrokken en dat ze de stalker ongetwijfeld snel zouden vinden. 'En hopelijk kan dit nieuwe jaar dan eindelijk goed beginnen.'

'Precies, maar sorry mam, is het goed als ik weer verderga? We moeten die rietkraag nog voor het donker afmaken.'

'Snap ik, schat, en het begint ook nog zo vroeg te schemeren.'

'Precies. Bovendien moeten pap en Lynn ook al zo weg. Ze hebben een of ander feest in de stad.'

Natuurlijk, dacht Kate. Ze gingen vast naar de altijd heel gezellige nieuwjaarsreceptie bij de Campbells. Vrienden van Benjamin die haar na de scheiding toch nog trouw bleven uitnodigen. Alleen voelde ze zich daar meestal het vijfde wiel aan de wagen en was ze de laatste drie jaar niet meer gegaan. Maar dat hoefde Alistair niet te weten.

'Het klinkt allemaal uitstekend lieverd,' zei ze daarom extra vrolijk. 'Veel liefs aan Estella en de rest. Ik bel je morgen weer even.'

Toen ze had opgehangen zag ze dat Peter een bericht had gestuurd dat de detectives een uurtje later zouden komen. Dan had ze gelukkig nog genoeg tijd om Bertie in te lichten.

22

'Je hebt dus de politie al gebeld?' herhaalde Bertie en ze kon niet horen of hij het een goed idee vond.

'Eigenlijk de officier van justitie. Een vriendje van Benjamin,' probeerde ze het iets informeler te laten klinken. 'Hij adviseerde aangifte te doen.'

'Van wat dan?'

'Stalking.' Pas toen ze het woord uitsprak besefte ze dat Bertie nog niet van alles op de hoogte was. Ze gaf een korte uitleg over de ongewenste berichten, het indirect dreigen met geweld, en de mogelijke achtervolgingen. 'Alles bij elkaar begon het beeld van stalking te ontstaan.'

Bertie was lang stil. Ze hoorde alleen bussen op de achtergrond optrekken.

'Heel verstandig,' besloot hij uiteindelijk. 'Wat vreselijk allemaal. Waarom heb je me dit alles niet eerder verteld?'

Ze kon natuurlijk niet zeggen dat dat kwam doordat ze de rol van haar eigen zoon nog niet helder had. 'Ik dacht dat het wel mee zou vallen. Er zijn nu zoveel random bedreigingen. Maar die officier zag dat anders.'

'*Insane*, hoe sommige mensen anderen behandelen. Wat denken ze wel niet? Waarom denkt iedereen tegenwoordig toch de vreselijkste dingen te mogen roepen?' Bertie was eigenlijk veel bozer dan ze in eerste instantie dacht. 'Gelukkig krijgen ze ons er met een paar bedreigingen niet onder. Vandaag weer dertigduizend volgers erbij.'

'Echt? Ondanks onze zwarte pagina?'

'Heel veel sympathieuitingen ook.'

'Mensen vinden het dus een verstandige beslissing?'

'Absoluut.' Bertie klonk wat rustiger. 'Maar daar gaat het nu helemaal niet om. Jouw veiligheid is veel belangrijker.'

'En die van de vips.'

'Natuurlijk. Wanneer ga je naar het bureau? Zal ik meegaan?'

'Lief, maar niet nodig. De detectives komen zo hierheen.'

'Komen ze naar jou?'

'Is dat zo bijzonder?'

Bertie schoot in de lach. 'Wat denk je? Het plebs moet gewoon in de rij staan bij het bureau hoor. Die krijgen niet zo'n voorkeursbehandeling. Wanneer komen ze dan?'

Katie keek op haar horloge. 'Denk over drie kwartier.'

'Zal ik tot die tijd even bij je langskomen? Ik ben om de hoek, vlak bij Old Street Station.'

'Ben je gek.' Ze plofte op de bank. 'Ik zit hier lekker warm met een kop thee even bij te komen. Alles gaat prima. Trouwens, volgens mij gaan ze een patrouilleauto voor mijn huis neerzetten.'

'Echt? Wat een topactie. Wanneer?'

'Geen idee. Ik denk vanaf vanavond of zo, maar ik hou je op de hoogte.'

'Heel graag, en ik ben heel dichtbij hè, als het nodig is. Altijd vierentwintig uur beschikbaar voor mijn lieve baas.'

Kate grinnikte. 'Zo mag ik het horen, Albert Kharti. Tot later. En liefs aan Alfie.'

Kate had net opgehangen toen de bel ging. Via het intercomsysteem wilde ze de deur opendoen, maar ze zag dat het videoschermpje niet werkte. Het waren vast de detectives, maar voor de zekerheid liep ze toch maar naar beneden.

Op de gang sprong het licht automatisch aan en ze hoorde muziek uit het appartement van Evy en Tom komen. Misschien kon ze de politie toch beter zeggen dat vierentwintig uur posten echt niet nodig was. Ze was hier veilig, iedereen was gewoon thuis. En ze zou zich alleen maar opgelaten voelen als die arme mensen de kille nacht in een auto moesten doorbrengen.

Op de laatste trap naar beneden voelde ze ineens een koude windvlaag en zag dat de deur al op een kier stond. Wie had die nu weer opengelaten?

'Ik kom eraan,' riep ze naar beneden.

Opeens waaide de deur verder open en knalde tegen de muur.

Meteen deed ze een stap naar achter. 'Jezus!'

Op het stoepje voor de ingang lagen honderden injectienaalden. Daarbovenop lag een roze envelop, gericht aan @kateseesyou.

Ze wilde heel hard om hulp schreeuwen, maar er kwam geen geluid uit haar mond. Eigenlijk moest ze het filmen en ze moest vooral kijken of er nog iemand in de buurt was, maar ze bleef als verstijfd staan. Alsof haar spieren waren bevroren en haar stem acuut verdwenen. Haar hart klopte zo hard dat ze het in de ijzige stilte bijna kon horen.

Hoelang ze zo was blijven staan wist ze later niet meer, maar ineens verscheen Tom.

'*What the fuck is this crap*?' Hij stond op de stoep en keek naar het tapijt van naalden. 'Welke *bastard* heeft dit gedaan?'

Tom had haar nog niet gezien en wilde met zijn voet de naalden wegvegen.

'Nee!' riep Kate ineens heel hard. 'Laat liggen.'

Tom trok meteen zijn uitgestrekte been terug. 'Kate! Wat is dit?'

'Het is voor mij bedoeld.' Ze hoorde haar stem trillen. 'De politie komt zo. We moeten het laten liggen, ze moeten het kunnen onderzoeken. Ze zijn er zo. Echt bijna.'

'Gaat het wel?' vroeg hij en bleef vlak bij deurpost staan, net naast de naalden.

'Ja, geen probleem. Nog even wachten. Ze zijn...' probeerde ze uit te leggen maar haar stem begaf het ineens.

Meteen stapte Tom over de naalden op de drempel en sloeg zijn armen om haar heen.

'Ach lieve buuf, het komt wel goed.' Hij wreef over haar haren. 'Het is even schrikken, maar echt, het komt goed.'

Kate liet haar hoofd tegen zijn schouder rusten. Die stevige spieren, die brede schouders, zijn troostende woorden. Het voelde zo veilig. Eindelijk iemand die voor haar zorgde, even hoefde ze het niet allemaal alleen te doen.

'Kate?' Evy's stem klonk van bovenaan de trap. 'Wat is dit?'

Direct lieten Tom en Kate elkaar los, alsof ze betrapt waren, terwijl de omhelzing alleen troostend was bedoeld.

'Ze proberen me bang te maken,' legde Kate uit en ze deed een stap in de richting van de trap zodat ze Evy kon zien. 'Nu met naalden, hier op de stoep. Gericht tegen mijn account.'

'Creepy,' reageerde Evy meteen. 'Kom naar boven, dan bellen we snel de politie. Dit kan echt niet meer. Het gaat allemaal veel te ver.'

Tom liep al naar boven. 'De politie komt er al aan, schat. Ik kwam toevallig aangelopen. Direct van de gym, helemaal nietsvermoedend, draai de hoek om en dan dit.'

Het viel Kate op dat Tom er wel erg netjes uitzag voor de gym, in een strak pak, met wollen jas en een dunne leren aktetas. Daar paste nog niet eens een gymschoen in.

'Wat willen ze er nou mee zeggen?' vroeg Evy. 'Die naalden, het is bizar.'

'Dat moeten we nu gaan uitzoeken. En sorry Tom, voor

de troep. Hopelijk wordt alles snel opgeruimd.' Kate probeerde weer zakelijker te klinken. Dat hielp in elk geval om de schrik wat te kanaliseren. 'Tot die tijd wacht ik liever beneden. Dan kan ik het hier in de gaten houden, tot de politie komt.'

'Zeker weten?' vroeg Evy die Tom direct een kus gaf toen hij boven kwam. 'Boven is het een stuk warmer.'

Kate schudde haar hoofd. 'Het zal vast niet lang meer duren.'

'Wil je ondertussen wat drinken? Bubbels?'

Kate grinnikte. 'Champagne, de oplossing voor elk probleem. Nee, dank je. Ik wil alert blijven.'

Ze draaide zich om en ging op de onderste tree zitten, met uitzicht op de open voordeur en de verzameling naalden. Wat was er toch in vredesnaam aan de hand?

23

Ze hadden foto's gemaakt, omstanders ondervraagd en camerabeelden bij winkeliers opgevraagd. Vingerafdrukken op de bel of een profiel van een schoen ontbraken. Toch hadden de detectives haar verzekerd dat ze veel materiaal hadden kunnen verzamelen dat het onderzoek verder zou kunnen helpen. De injectienaalden hadden ze in grote ijzeren dozen meegenomen en de brieven in een aparte plastic zak.

Met rubberhandschoenen aan hadden ze voorzichtig de roze envelop geopend en de brief bekeken. De tekst was nog dreigender dan eerst. *Vanavond krijgt de volgende een prikje.*

Daarna hadden de rechercheurs lang met haar gesproken. Kate had uitgelegd wat Alistair had gedaan en waarom hij nu niet betrokken kon zijn. Ze had verteld over het commentaar op hun werk. Over de vips die ze hadden gefotografeerd en welke nu een overdosis hadden gehad. En over dat ene account dat nu deze bedreigingen bleef verspreiden.

Het waren twee rechercheurs, een jonge man met sproeten en een vlassig baardje die Bill heette en Elise, een lange zwarte vrouw met indringende ogen die haar strak bleef aankijken. Ze waren nu al een uur met haar in gesprek en waren beleefd en vriendelijk, maar toch voelde Kate zich in haar eigen huis niet op haar gemak. Ze had het gevoel dat ze zich dubbel moest verontschuldigen: als roddeljournalist voor haar werk en als moeder voor haar afvallige zoon.

Elise klapte haar notitieboekje dicht. 'Nou, mevrouw, veel dank. Ik denk dat we de grote lijnen wel hebben. Als we wat verder met het onderzoek zijn, komen we weer bij u terug.'

'Het wordt geen makkelijke klus,' voegde Bill eraan toe en hij wisselde een blik met Elise, die hem verstoord aankeek. 'Maar we gaan ons best doen,' herstelde hij zichzelf snel.

'Dan hoor het ik wel,' zei Kate en ze wilde opstaan toen Elise plotseling nog iets leek te bedenken.

'Misschien kunt u ons toch nog met een paar antwoorden verder helpen,' zei ze en ze bleef kaarsrecht op de bank zitten. Met een traag gebaar sloeg ze het blokje weer open.

Kate ging verzitten. 'Dat hoop ik natuurlijk ook.'

'Mooi, wat ik me namelijk de hele tijd afvraag, waarom deze...' Ze keek weer naar haar blokje en bladerde terug. '@Takingapiss16... dit hele circus zou hebben opgezet? Als hij of zij al verantwoordelijk zou zijn voor deze overdoses, dan blijft de grote vraag: waarom? Hoe? We hebben nauwelijks bevestigde gevallen van needlespiking, áls het al gebeurt. En wat willen ze bereiken met deze aankondigingen en het stalken?'

'Geen idee natuurlijk.' Kate voelde het bloed naar haar wangen stijgen. Dit voelde bijna als een beschuldiging. Alsof ze de boel hier zat te verzinnen. 'Is dat niet uw werk? Het motief uitzoeken?'

Elise schoof haar leesbril wat hoger op haar neus. 'Hebben ze geen eisen opgesteld of zo?'

'Niet zover ik weet.'

'Nou, dat is op zijn zachtst gezegd zeer ongebruikelijk.' Elise sloeg opnieuw het boekje dicht en schoof het in haar broekzak. 'Maar goed, we gaan aan de slag. En op aanraden van de officier rijdt vannacht ook een patrouillewagen bij u in de buurt rond. Als het goed is, zult u hem niet herkennen.'

Kate wilde eigenlijk zeggen dat het echt niet nodig was, maar dan nam deze vrouw haar misschien helemaal niet meer serieus. 'Dat geeft een prettig gevoel. Veel dank.'

Ze begeleidde de twee rechercheurs naar buiten, bedankte ze opnieuw en liep naar het raam. In het licht van de lantaarnpaal zag ze de twee weglopen en het viel haar op dat Elise nu uitbundig gebaarde om Bill iets uit te leggen. Ineens keken ze allebei om naar haar raam en Kate deed snel een stap naar achter.

Dat er meer had gespeeld in het gesprek dan uitgesproken werd, was haar wel duidelijk geworden. Als journalist herkende ze hun interviewstijl. Elise was zichtbaar de baas en dat gaf Bill de mogelijkheid wat rare, meer prikkelende dingen te zeggen. Elise was erg sceptisch geweest, vermoedelijk in de hoop haar aan het praten te krijgen. En dan ook nog doen alsof het gesprek afgelopen was om vervolgens met de belangrijkste vragen terug te komen. Het was de klassieke benadering als je het gevoel had dat de ondervraagde meer wist dan hij vertelde.

Elise schatte dus waarschijnlijk in dat Kate niet alles had gezegd en misschien zelfs wel zaken had verzonnen of verdraaid. Gedurende het gesprek was de sfeer omgeslagen: van een reguliere aangifte naar een getuigenverhoor. Wat had Elise opgemerkt dat ze haar toon had veranderd?

Of was Elise misschien geërgerd omdat Kate een voorkeursbehandeling had gekregen? Of wellicht had ze haar adellijke titel gezien, iets wat sommige mensen ook ongemakkelijk konden vinden. Best terecht, ze hadden ook nog te veel ongeschreven privileges. Maar daar kon ze zelf niet zoveel aan veranderen.

Kate ging aan het kookeiland zitten en bestelde een grilled halloumi crunchbox bij The Salad Kitchen. Daarna stuurde ze Bertie een appje met een kort verslag van het gesprek, kopieerde de tekst en stuurde het bericht door naar Benjamin. Die stuurde direct een foto terug van hem en Alistair in grote lieslaarzen midden in de rietkraag. De foto was korrelig door het schemerlicht en ze had echt moeite de twee uit elkaar te halen. Het was soms zo verwarrend dat ze fysiek zo extreem veel op elkaar leken.

Benjamin appte er meteen een bericht achteraan met de

vraag of ze het uitzoekwerk van Lynn nog had gemeld. Nee, wilde ze meteen terugsturen maar dat zou kinderachtig zijn, dus schreef ze dat ze het had gemeld en dat het nu afwachten was hoe het onderzoek verder zou verlopen.

Benjamin antwoordde dat Alistair zo moe was dat hij al om negen uur zijn bed in was gekropen.

We zijn hier trouwens zeer opgelucht dat de politie je huis vanavond in de gaten houdt, schreef hij als laatste.

Weer dat 'we'.

Veel plezier vanavond, appte ze snel terug.

Kate zette de zachte soulmuziek van Celeste op en keek de zitkamer rond. De kerstboom, de kaarsen, de lampjes en de fijne plofbank. Dit was echt haar eigen veilige stek. Waar alleen zijn niet eenzaam voelde. Althans meestal niet, maar vanavond voelde ze de leegte wel.

Het zou zo fijn zijn om tegen iemand aan te kunnen kruipen, die een dekentje over haar heen zou trekken en haar zou verzekeren dat alles goed zou komen.

Natuurlijk kon ze met Evy en Tom naar een feest gaan, of Bertie te eten vragen. En het was heerlijk geweest als Tracy wel in de stad was en ze samen herhalingen van *Downton Abbey* konden kijken. Maar het allerliefste was ze naar de Campbells gegaan. Gewoon samen als echtpaar op een feest binnenkomen. Met Benjamin was het voorgoed voorbij, maar het verlangen naar het deel zijn van een stel was nog lang niet gesleten.

De bel ging en nu deed de videocamera het ineens weer wel. Ze zag een jongen op een fiets een doosje uit zijn rugzak halen en daarachter stond een auto met twee mannen die naar haar deur keken. Ze glimlachte, die waren inderdaad volkomen onzichtbaar.

Kate haalde de salade beneden op, kroop weer op de bank en zette *Love Actually* aan. Al was de film twintig jaar oud, toch moest ze hem elk jaar rond de feestdagen weer kijken. Ze kende de dialogen uit haar hoofd, maar het gaf haar toch het gevoel dat morgen een betere dag kon zijn. '*It seems to me that love is everywhere*,' zei ze precies tegelijk met Hugh Grant en ze voelde zich al iets opgeknapt.

24

Ging er nou een telefoon? Kate draaide zich weer om. Het was nog donker en koud in huis. Dat was vast een geluid uit een droom, zoals vaker gebeurde als ze onrustig had geslapen. Niet zo gek ook, die telefoon leek haar leven de laatste tijd nogal te beheersen. Haar kaken voelden stijf, waarschijnlijk had ze weer de hele nacht liggen knarsetanden. Ze duwde haar kussens op en zocht met haar hoofd een plekje. Net toen ze weer lekker lag, ging opnieuw haar telefoon.

Kate trok de telefoon uit de oplader en zag dat Louise haar al drie keer had proberen te bereiken. Ze knipte haar bedlampje aan en zette haar bril op.

'Louise...'

'O thank god Kate, je bent wakker.'

Kate kwam overeind. 'Is er iets gebeurd?'

'Het is Alistair.'

'Wat is er?'

'Hij is weg.'

De kamer leek te krimpen en Kate hapte naar lucht. ‘Weg?”

‘Kate, het spijt me zo. Hij is nergens te bekennen.’

‘Is hij niet gaan wandelen? Naar een boerderij of zo? Of is hij misschien hout gaan halen? In de schuur aan het rommelen?’

‘Nee, Kate.’ Louises stem werd zachter. ‘Het is half zeven ’s ochtends, normaal ligt hij nog uren in zijn bed.’

‘Hoe weet je dan nu al dat hij weg is?’

‘Zijn bed is leeg, schoenen en jas zijn nergens te vinden.’

‘Wanneer zag je dit?’ hijgde ze.

Louise legde uit dat de verwarming vannacht was uitgevallen en ze net wilde checken of zijn kamer niet te koud was geworden. ‘Alistair slaapt natuurlijk altijd met zijn raam wagenwijd open.’

Haar longen blokkeerden, ze kreeg nauwelijks zuurstof. ‘Damn it.’

‘Erger nog, zijn telefoon en portemonnee, die ik in de keukenla had gelegd, zijn ook verdwenen.’

Dit is heel slecht nieuws, wilde Kate zeggen, maar ze kreeg de woorden niet over haar lippen. Haar ademhaling piepte te veel.

Rustig, door je buik ademen, sprak ze zichzelf toe. Heel diep in je buik.

‘Katie, gaat het schat?’

‘Puf,’ fluisterde ze. ‘Moet even puffen.’

Kate zocht tastend op haar nachtkastje. Niets. Ze trok de la eruit. Veel te hard, en alles viel op de grond. Ze boog zich voorover uit bed en voelde met haar handen over de vloer. Achter een poot vond ze het plastic pufje, trok met haar tanden het dopje eraf en spoot. Een, twee, drie keer. Langzaam kwam de zuurstof weer terug in haar longen.

'Ben je oké?' vroeg Louise bezorgd. 'Katie?'

'Ja, beter weer.' Ze ademde nog te snel. 'Heeft iemand hem weg horen gaan?'

'Niemand. Dit rothuis is ook veel te groot.'

'Hoe is hij weggekomen?' Kates brein maakte duizenden kleine connecties. Met de fiets? Het duurt zeker een uur voordat hij in Guildford is. En daar zijn natuurlijk geen nachttreinen. Of waar zou hij heen zijn gegaan? Darn, natuurlijk. 'Hij wilde naar dat feest.'

'Kate? We hebben hier...'

'Daarom ging hij zo vroeg naar bed,' ratelde ze door, zonder naar Louise te luisteren. 'En daarom was hij het ineens zo roerend met ons eens. Het waren allemaal afleidingsmanoeuvres. Zodat we hem niet zouden verdenken. Hij...'

'Kate,' riep Louise nu hard in de telefoon. 'We hebben bandensporen gevonden. Bij de achterdeur. Hij is waarschijnlijk opgehaald.'

'Met een Uber?'

'Zou kunnen. Voor een hoge prijs komen ze hier wel.'

Kate kuchte. 'Of door een vriend.'

'Ja, dat kan ook natuurlijk.'

'En met jullie auto?'

'Welke? De Jeep?'

‘Ja, daar heeft Benjamin hem toch in laten rijden?’

‘Alleen op het landgoed, maar die staat hier nog.’

Kate kuchte weer. ‘En jullie hebben geen camera’s hangen toch?’

‘Ben je gek? Wij?’ vroeg Louise. ‘Natuurlijk niet.’

Ze waren allebei even stil. Dat hij toch weer had gelogen. Ze kon het gewoon niet geloven. Haar zoon leek wel een totale vreemde te zijn geworden.

‘Weet Benjamin dit al?’ vroeg ze uiteindelijk.

‘Ik kan hem niet bereiken.’ Louises stem trilde. ‘En ik heb Alistairs telefoon ook al duizend keer geprobeerd. Niets natuurlijk. Hij is het laatst rond half twee vannacht online geweest.’

Kate schoot rechtop. ‘Wacht, wat stom! Benjamin kan natuurlijk zijn iPhone volgen.’

‘Kan dat?’

‘Iets met TrackPhone, geen idee hoe dat werkt.’

‘Nou vooruit, hup dan lieverd.’ Louise klonk opgewekter. ‘Ga naar Benjamin. Trek hem uit bed en ga aan de slag.’

‘Is Basil daar?’

‘Nee, die is nog een dag met kerstverlof in Schotland. Anders had ik die natuurlijk ook kunnen bellen.’

Kate zag de oude, kromme man weer voor zich. Hij werkte al bijna vijftig jaar voor de familie. Eerst op Barnham, nu al jaren in Londen. ‘Ja, en dan had hij de deur voor me kunnen openen. Hoe kom ik er nu in?’

‘Je verzint wel iets. Check de deurmat. Het zou me niets

verbazen als daar een sleutel ligt. Mijn zoon kan zo nonchalant zijn. En anders gooi je gewoon een baksteen door het keukenraam. Met mijn permissie natuurlijk.'

Ondanks alles schoot Kate toch in de lach. Die kleine, zachtaardige Louise keurde ineens geweld goed. 'Zal ik doen. Ik pak nu snel een cab en laat het je meteen weten als er iets bekend is.'

'Succes lieve Katie... Het komt vast goed.'

25

Om precies zeven uur stapte Kate voor Benjamins deur de taxi uit. Ze rilde. Het vroor zeker vijf graden en het was nog donker buiten, maar ze zag al een lichtje in de zitkamer branden. Ze opende het ijzeren hekje en liep de bordestrap van het grote wit gestucte huis op. Toen ze wilde aanbellen, zag ze Benjamin liggen. Opgerold op de bank, met een plaid half over zich heen getrokken. Zo te zien had hij zijn smoking nog aan en de televisie tegenover hem stond op de openingspagina van Netflix. Was hij gisteravond zo gecrasht?

Kate tikte op het raam. In het bekende ritme van 'Stayin' Alive', hun huwelijkslied, ging ze net zo lang door totdat ze hem zag bewegen. Even leek het alsof Benjamin zich opnieuw zou gaan omdraaien, maar ineens schoot hij omhoog. Hij haalde zijn handen door zijn krullen, veegde over zijn gezicht en zag haar toen voor het raam staan. Met een diepe rimpel tussen zijn wenkbrauwen hief hij vragend zijn handen op.

Ze wees naar de deur. 'Doe open,' mompelde ze.

Moeizaam stond hij op en strompelde naar de deur.

'Fuck Kate,' zei hij met de deur nog in zijn hand. 'Wat doe jij hier? Hoe laat is het in godsnaam?'

'Zeven uur. Mag ik binnenkomen? Het vriest.'

Hij deed een stap naar achter en hield de deur verder voor haar open. '*Entrez*.'

'We moeten praten.' Ze liep langs hem heen en hield haar adem in om de walm van alcohol te ontduiken. 'Zware nacht gehad?'

Met een ruk trok Benjamin zijn zwarte vlinderdasje los. 'Een om voor altijd te vergeten. Koffie?'

Kate knikte en op blote voeten ging hij haar voor naar beneden. In het souterrain deed hij met een knop alle lichten aan in de spierwitte Wexford-keuken. Marmer overal, met glanzende koperen kranen, dure keukenapparaten en een volledig leeg aanrecht. Een schril contrast met hun rommelige houtje-touwtjekeuken vroeger in Kensington.

Benjamin liep naar de gashaard en zette het vuur aan. Daarna bleef hij bewegingloos voor een glimmend espressoapparaat staan en draaide zich ineens om.

'Geen flauw idee hoe dit ding werkt.' Hij zoog kuiltjes in zijn wangen. 'Het wordt toch thee, vrees ik.'

Ze pakte een kruk en ging aan het kookeiland zitten. 'Maakt niet uit, alles is goed.'

'Ik vermoed dat we een groot probleem hebben.' Met de Quooker-kraan vulde hij twee koppen met heet water en gooide een zakje in beide.

'Omdat ik me anders niet zo vroeg in het hol van de leeuw zou begeven?'

Hij schoof een kop thee naar haar toe. 'Zoiets, ja.'

'Alistair is weg.'

Benjamin pakte het aanrecht vast. 'Weg? Waarheen?'

Ze legde uit dat zijn moeder had gebeld, dat het bed van hun zoon leeg was, zijn telefoon en portemonnee verdwenen en dat ze onbekende autosporen bij de achterdeur hadden gevonden. 'Ik denk dat hij toch naar dat feest is gegaan. Hij zal wel bij die Jamie slapen.'

'Jezus.' Benjamin hield zich zo stevig vast dat zijn knokkels wit werden. 'En hij leek zo normaal. Redelijk en aardig weer.'

'Ik weet het. Ik ben woedend. Je moeder en ik probeerden je te bellen, maar we kregen geen gehoor.'

'Ongetwijfeld ben ik vannacht vergeten hem op te laden.' Benjamin veegde opnieuw met zijn handen over zijn ogen, alsof hij zichzelf zo wakkerder kon maken. 'Ik weet niet wat er gisteravond is gebeurd. Ik was plotseling zo dronken. Echt van de wereld.'

'Ik ken het gevoel.'

Benjamin trok zijn mondhoek op. 'En dan heb ik commentaar op jouw drankgebruik.'

'We worden oud, we kunnen er niet meer tegen.'

Benjamin grinnikte. 'Dank voor dit elegante herstel van mijn blunder.'

Ze keken elkaar een moment te lang aan. Die donkere ogen, die lachrimpels. Ze voelde meteen weer tintelingen in haar buik. Verdorie, nog steeds.

'Luister. Ik bedacht ineens dat jij zijn iPhone toch kan volgen? Dan weten we in ieder geval waar hij is. Want van die Jamie heb ik geen nummer.'

Benjamin sloeg op het aanrecht. 'Goed punt. Maar dan moet ik nog steeds mijn telefoon opladen. Of beter gezegd, eerst vinden. Wacht, ik kijk boven even.'

Zichzelf aan de trapleuning optrekkend rende Benjamin naar boven en ze haalde diep adem. Hoe was het toch mogelijk dat het nog steeds zo moeilijk was om bij haar ex in de buurt te zijn? Als hij hautain reageerde, irriteerde het haar vreselijk, maar als hij heel normaal was, zoals nu, was het nog moeilijker. Dan voelde het zo vertrouwd dat ze niet meer kon bedenken waarom het ooit fout was gegaan.

'Gevonden,' riep Benjamin terwijl hij naar beneden stommelde. Meteen legde hij hem aan de oplader en ging op een kruk naast haar zitten. 'Nog even wachten. Maar vertel ondertussen waarom je denkt dat Alistair toch is gegaan.'

Ze haalde haar schouders op. 'Dwars pubergedrag?'

'Ergens geloof ik dat niet.'

'Ik eigenlijk ook niet.' Kate warmde haar handen aan de kop thee. 'Ik zit aan iets anders te denken... Maar misschien is het niets, hoor.'

'Vertel, meestal komt dat gekke brein van jou wel met iets briljants.'

Ze glimlachte. 'Kijk, ik ben het wel met je moeder eens. Hij is opvallend veel afgevallen. Misschien eet hij nog wel, maar toch, hij ziet er niet goed uit. Heel bleek. De ene dag is hij doodmoe, dan weer rusteloos en energiek. Soms reageert hij erg geïrriteerd, zelfs agressief en luistert totaal niet. Een paar uur later is hij weer ineens lief en begripvol. En dat @Takethepiss-gedoe was echt heel erg ongevoelig.'

'*To say the least,* maar wat suggereer je nou?'

'Slecht luisteren, hyperactief, moe, bleek, gebrek aan empathie, afvallen. Het zijn eigenlijk allemaal signalen van...'

'Cokegebruik!' onderbrak Benjamin haar en hij sloeg op het marmer. 'Damn it, waarom hebben we daar niet eerder aan gedacht? Natuurlijk, dat is het. Deze stad verzuipt in de cocaïne. Waarom zou onze zoon daar niet door worden verleid? Jezus, wat stom van ons!'

Haar mond voelde droog. Ze slikte. 'Misschien is hij zelfs wel verslaafd en is hij daarom toch naar dat feest gegaan. Om te scoren.'

'My god.' Benjamin liet zijn hoofd op zijn handen rusten. 'Wat zijn wij waardeloze ouders. Waarom hebben we dit niet zien aankomen?'

'Omdat we het ons uiteindelijk toch niet kunnen voorstellen? Het is weleens door mijn hoofd gegaan, maar jeetje, onze baby, dat verzin je toch niet?'

Benjamin schudde zijn hoofd. 'Nee, niet die van ons.'

Zijn telefoon sprong aan en meteen stroomden de berichten binnen. Benjamin scrolde er snel doorheen. 'Zeven gemiste oproepen van hetzelfde, onbekende nummer.'

'Bel terug dan.' Kate voelde de druk op haar borst toenemen. Rustig blijven ademen. 'Of moet ik het doen?'

Benjamin schudde zijn hoofd en belde meteen. 'Hallo? Ja, dit is Benjamin Burton.'

Kate gleed van haar kruk en ging naast hem staan.

'Ja, de vader van Alistair.'

Het was lang stil en Benjamin knikte alleen maar. Zijn blik was hypergeconcentreerd. Kate ging op haar tenen staan in een poging mee te luisteren, maar hoorde niets.

'Helder,' besloot Benjamin uiteindelijk. 'In het Homerton dus. Ben jij daar ook nog?'

Het leek alsof haar longen in een keer leegliepen, ze hapte naar adem. Homerton Hospital, lag Alistair daar?

'Dank je. We komen er zo snel mogelijk aan.' Benjamin legde zijn telefoon op het aanrecht en keek haar aan. Zijn ogen stonden vol tranen.

'Dat was Jamie.' Benjamin pakte haar handen. 'Alistair ligt in coma.'

26

Kate zocht naar haar tas. Haar adem werd te oppervlakkig en ze had het alweer benauwd. 'Puf,' fluisterde ze.

Benjamin boog zich naar haar toe. 'Wat zei je?'

Ze wees naar haar borst en maakte een gebaar alsof ze pufte.

'Shit, schat. Heb je hem bij je?'

Kate knikte.

Benjamin keek om zich heen, zag haar tas op de kruk liggen, greep ernaar en draaide hem direct boven het aanrecht om. Sleutels, sigaretten en oortjes vlogen in het rond. Uiteindelijk ook haar inhalator. Ze graaide ernaar, maar Benjamin was haar voor, trok de dop eraf en spoot in haar mond. Een, twee, drie keer.

Het voelde alsof haar longen direct weer werden opengeduwd en de zuurstof stroomde binnen.

'Sorry,' hijgde ze nog na. 'Sorry.'

'Ach Katie, daar kan je toch niets aan doen.' Hij trok haar naar zich toe, hield haar dicht tegen zich aan en streelde haar haren. 'Het is ook zo heftig. Onze Alistair.'

Ze leunde tegen zijn borst, voelde zijn hartslag, rook alcohol en een vleugje Chanel en begon te huilen. Zo bleven ze staan, dicht tegen elkaar aan, verbonden door herinneringen en de liefde voor hun zoon.

'Benjamin?' Tegelijkertijd lieten ze los. Op de trap stond Lynn. In een champagnekleurige zijden peignoir en keurig gekamde haren. 'Wat is dit?'

'Alistair,' antwoordde Benjamin terwijl hij zijn ogen droog veegde.

'Wat is er nou weer met hem?' Haar stem klok scherp en even zag Kate door de schil van beleefdheid iets anders oplichten.

'Hij ligt in het ziekenhuis. In coma.'

Meteen gleed de zachte gloed weer over Lynns gezicht. 'Ach lieverd, dat is vreselijk. Wat is er gebeurd?'

Benjamin vertelde over het telefoontje van Jamie. Alistair was ineens op een feest verschenen, waar hij eigenlijk niet mocht zijn. Volgens Jamie kwam hij in het begin heel nuchter over, maar toen was hij ineens heel dronken of misschien wel stoned geworden.

'Jamie wilde Alistair naar huis brengen, maar verloor hem uit het oog toen hij buiten op de Uber wachtte.' Benjamin zocht haar blik. Kate knikte hem bemoedigend toe. 'Pas na een half uur zoeken vond hij Alistair op de binnenplaats, bewusteloos, in zijn eigen braaksel.'

Lynn sloeg een hand voor haar mond. 'Wat vreselijk!'

'Ja schat, het is echt niet te bevatten.'

'En wat een klotejoch is die Jamie toch,' zei Lynn terwijl ze de trap verder af liep.

Benjamin trok zijn wenkbrauwen op. 'Nou, eigenlijk heeft hij heel goed gehandeld.'

'Hij heeft hem toch naar dat feest gebracht?'

'Dat weten we nog helemaal niet,' antwoordde Kate en ze was verbaasd dat Lynn meteen die conclusie trok. 'Zoals we nu kunnen inschatten, heeft Jamie er juist voor gezorgd dat Alistair überhaupt in het ziekenhuis terecht is gekomen.'

'Dat is waar,' zei Lynn met een flauw lachje en weer zag Kate iets anders, iets hards doorschemeren.

'Hij ligt in het Homerton,' besloot Benjamin. 'Ik ga er nu eerst voor zorgen dat hij daar zo snel mogelijk wegkomt.'

Lynn liep nu pas op hem af en omhelsde hem. 'Dat begrijp ik lieverd, maar misschien moet je even douchen. Die kleren zijn toch nog van gisteren?'

'Wat maakt dat nu in godsnaam uit?' Benjamin liet haar los en beende door de keuken. 'Hij moet naar het St Thomas. Het enige ziekenhuis dat nog een beetje *decent* is. Kate, wie kennen we daar?'

'Zit Angus daar niet?'

'Verdomd, dat is een goede. Inmiddels is hij volgens mij bestuursvoorzitter.' Benjamin scrolde door zijn contacten. 'Ja, zijn nummer heb ik hier.'

'Kun je hem nu wel bellen?' Lynn wees naar de keukenklok. 'Het is nog niet eens half acht.'

'Wat denk je nou? Natuurlijk wel. We zaten samen op Oxford.'

Al bellend liep Benjamin naar boven en ineens voelde Kate medelijden met Lynn, die wat verloren achterbleef.

'Wil je misschien ook een kop thee?' vroeg ze om haar wat op haar gemak te stellen.

'Nee, doe niet zo mal.' Lynn leek inmiddels van het ongemak hersteld en gaf Kate een brede glimlach. 'Jij bent mijn gast. Heb je wat gegeten? Wil je toast?'

Terwijl Lynn druk was met het ontbijt en over haar eigen ziekenhuiservaringen vertelde, durfde Kate voor het eerst het beeld van Alistair in een bed voor zich te zien. Aan slangen, met piepende monitoren en wit weggetrokken. Helemaal alleen. Misschien was hij wel heel erg bang? Zodra Benjamin klaar was met bellen, moesten ze echt direct naar hem toe.

'Jam?' vroeg Lynn en ze legde perfect klaargemaakte toast op haar bord. 'Pruimen of bosbessen? Koffie ook?'

Ze hadden net hun eerste boterham op toen Benjamin de trap weer af kwam.

'Het is geregeld. Angus stuurt zijn collega nu naar het Homerton om het vervoer te organiseren.'

'Mooi zo.' Kate stond meteen op. 'Zullen we dan ook gaan? Eerst toch maar naar het Homerton?'

Benjamin knikte. 'Ik regel een Uber.'

'Nee, wacht.' Lynn stond ook op. 'Ik rij jullie.'

Benjamin keek naar haar peignoir. 'Moet je je dan nog omkleden? Dan zijn we te laat.'

‘Natuurlijk niet, schat.’ Ze pakte haar autosleutels. ‘Ik doe hier gewoon een jas overheen en zet jullie af. Dan heb ik daarna alle tijd.’

Voor het eerst zag Kate even oogcontact tussen Benjamin en Lynn en hij glimlachte naar haar. ‘Dat is lief.’

‘Geen probleem. Kom.’

Ze liepen met z’n drieën de trap op, Kate als laatste. Hoewel ze het echt aardig vond dat Lynn hen zou rijden, was ze toch opgelucht dat ze niet in het ziekenhuis zou blijven.

Lynn draaide haar Porsche de rotonde voor het ziekenhuis op. Het was al druk, en ze moesten even wachten voordat ze voor de ingang konden uitstappen. Benjamin gaf zijn vriendin een kus op haar wang en beloofde dat hij meteen contact zou opnemen zodra ze meer wisten. Met de deur al half open vroeg hij of ze zijn moeder ook nog even kon bellen.

‘Ik heb haar net een update gestuurd,’ zei Kate vanaf de achterbank. ‘En ik heb mijn vader en Ingrid ook ingelicht.’

Benjamin draaide zich om en lachte haar toe. ‘Ik dacht al, wat is het daarachter opvallend stil.’

‘That’s me. Stil, maar efficiënt,’ glimlachte Kate terug.

Via de achteruitkijkspiegel zag ze dat Lynn het onderonsje niet kon waarderen.

‘Superfijn, Lynn, bedankt,’ zei ze en ze stapte snel uit.

Het ziekenhuis was nog erger dan ze had gevreesd. Kapotte routebewijzering, vieze vloeren, overvolle wachtkamers en flikkerende tl-verlichting. Het was schrijnend dat dit ook de Britse medische zorg was, en ze was opgelucht dat Alistair hier niet hoefde te blijven.

Bijna rennend volgden ze de bordjes naar de eerste hulp, waar Alistair volgens Jamie nog steeds zou liggen, maar ze konden hem daar niet vinden. Een verpleegkundige zag hun zoekende blik en kwam aanlopen.

'Kan ik jullie helpen?'

Benjamin legde de situatie uit en de broeder stuurde hen door naar de derde verdieping. 'Intensive care, achterin.'

Ze greep Benjamins hand. 'Dit klinkt niet goed.'

'Het heeft volgens mij meer met *security issues* te maken,' zei de broeder. 'Maar dat leggen ze u boven wel uit.'

Hand in hand stapten ze de lift in. Ze spraken niet, elk woord was overbodig. Ze waren hier samen, als ouders, en ze hadden elkaar heel hard nodig. De rest deed er nu niet toe.

De grijze liftdeur rammelde open en ze liepen een ijskoude, donkere gang in. De meeste kamers waren leeg, maar soms brandde er een lichtje en was er beademingsapparatuur te horen. Aan het eind van gang stonden twee politieagenten te praten.

'What the fuck!' riep Benjamin naar de twee en hij trok Kate mee. 'Wat is dit?'

De agenten draaiden zich plotseling om en gingen wijdbeens naast elkaar staan.

'En u bent?' vroeg de oudste met de hand op zijn knuppel.

'Lord Burton. Ik begrijp dat mijn zoon hier ligt.' Benjamin ging recht voor de twee agenten staan. 'En dit is Lady Colins, zijn moeder.'

Zichtbaar ongemakkelijk stapten ze direct opzij. 'Het spijt me, milord, milady,' zei de oudste weer. 'Natuurlijk, gaat uw gang.'

'O thank god, daar zijn jullie.' Peter Magruder kwam ineens achter de agenten vandaan en liep naar hen toe. Hij was een stuk kaler geworden, maar had nog steeds dezelfde babyface. 'We moeten praten.'

'*Old chap*.' Benjamin gaf hem een tikje tegen zijn schouder. 'Wat doe jij nou hier?'

Peter gaf Kate een kus op haar wang. 'Er zijn nieuwe ontwikkelingen. Het ziekenhuis heeft me meteen gebeld.'

'Iets met Alistair?' vroeg Kate en ze voelde haar longen krimpen. 'Het gaat toch wel goed? Hij is toch niet...'

'Nee, o nee.' Peter hield zijn handen omhoog. 'Nee, dat is het niet. Zijn toestand is gelukkig stabiel.'

Benjamin wees naar de agenten. 'Wat dan, vriend? Wat speelt hier?'

'Kom, we gaan even hier zitten.'

Peter liep naar een kleine wachtruimte met zes plastic stoelen, waarvan twee met een kapotte zitting.

Benjamin hield nog steeds haar hand stevig vast en zette haar eerst neer voordat hij zelf naast haar plaatsnam.

'Gaat het?' fluisterde hij. 'Heb je je inhalator bij de hand?'

Ze knikte alleen. Ze had hem in de auto al in haar rechterjaszak gedaan. Met de dop eraf.

'Luister.' Peter zette een stoel recht voor hen neer en

ging zitten. 'Dokter Johnson, die Alistair net uitvoerig heeft onderzocht, komt jullie zo meteen bijpraten. Maar ze belde ons als eerste. Ze heeft namelijk iets ontdekt wat alles op zijn kop zet. Niet schrikken, maar ze heeft in Alistairs nek twee roodomrande gaatjes gevonden. Bijna honderd procent zeker ontstaan door een injectienaald.'

'My god.' Benjamin kneep nog harder in haar hand en met de andere graaide Kate in haar jaszak. Ze vond de inhalator meteen en spoot in haar mond. Een, twee, drie keer. Net op tijd sprongen haar longen weer open.

27

Dokter Johnson was op de stoel gaan zitten die Peter even daarvoor had verlaten.

'We hebben vanochtend verschillende tests gedaan,' begon ze rustig. Ze keek hen van achter een grote bril om de beurt aan. 'En net is er een MRI-scan uitgevoerd.'

Kate zag haar smalle lippen bewegen, hoorde de woorden gezegd worden maar het leek alsof de betekenis maar niet tot haar doordrong.

'We hebben de hersenen goed in kaart kunnen brengen,' ging Johnson met zachte stem verder. 'Verder hebben we ook de longen vastgelegd, hij had wat braaksel binnengekregen.'

De dokter glimlachte, waarschijnlijk in een poging hen gerust te stellen. Kate voelde Benjamins hand echter steeds klammer worden en ze keek opzij. De ader in zijn hals klopte zichtbaar.

'We hebben nog niet alle uitslagen binnen, maar het ziet er niet slecht uit.' Johnson glimlachte weer. 'Kijk, MDMA beïnvloedt de vochtbalans en zorgt ervoor dat je moeilijker kunt plassen en dat de nieren minder water uitscheiden. Je lichaam houdt dus enorme hoeveelheden vocht vast. Waarschijnlijk is uw zoon daarbij ook veel water gaan drinken. Door de combinatie van veel drinken en bijna niet kunnen plassen wordt het volume van het bloed groter. Maar in het bloed zit minder zout omdat het verdund wordt door het water in het lichaam. Hierdoor komt vocht de hersenen in waardoor deze opzwellen en tegen de schedel gaan drukken. Dit heeft bij Alistair geleid tot de coma.'

'Zit dat vocht er nog?' vroeg Benjamin.

Kate kneep harder in zijn hand. Ze wilde het antwoord eigenlijk niet horen.

'Niet veel meer gelukkig. Het wordt geleidelijk door het bloed afgevoerd.'

Ze ademden tegelijkertijd lang uit.

'Dat is dus goed nieuws?' durfde Kate nu te vragen.

Dokter Johnson knikte. 'Op zich zeker, maar het is nu nog even afwachten wat de druk met de hersenen heeft gedaan. We houden hem nog vierentwintig of misschien zelfs achtenveertig uur in een gecontroleerde coma, of beter gezegd in een diepe slaap. Dan kan alles een beetje tot rust komen. Daarna moeten we afwachten wat de schade is.'

'Schade?' Benjamins linkerbeen wipte op en neer. 'Wat kan dat dan betekenen?'

'In ieder geval zal hij geheugen- en concentratieproblemen hebben. Door de coma vooral. En dan nogmaals is het afwachten.'

Kate beet op haar onderlip. Ze wilde nu niet huilen. 'Kunt u niet enige indicatie geven?'

'Het vocht zat in de buurt van zijn gehoorfuncties, maar dat zegt nog weinig. Echt, we moeten het gewoon afwachten.'

'En was het zeker MDMA?' vroeg Benjamin.

Johnson knikte. 'Dat is een eenvoudige urinetest. We vonden ook wat alcohol, maar relatief weinig.'

Benjamin zocht oogcontact en Kate zag echte wanhoop in zijn blik. Maar één keer eerder had ze dat gezien en dat moment leidde uiteindelijk jaren later tot de instorting van hun huwelijk. Nu kreeg ze de kans anders te reageren en ze omhelsde hem meteen.

'We doen dit samen,' fluisterde ze in zijn oor. 'Ik ben er nu wel voor je. We kunnen dit echt samen doen. Voor Alistair.'

De dokter kuchte hard en ze lieten elkaar los.

'Nou, als u verder geen vragen meer heeft,' zei Johnson en ze wilde al opstaan toen Benjamin zich naar haar toe boog.

'MDMA?' vroeg hij. 'Kun je dat ook spuiten?'

'Dat is heel lastig en gevaarlijk. Meestal zijn het pillen of poeder in drankjes. Hoezo?' vroeg Johnson, maar voordat ze antwoord konden geven veerde ze al op. 'U denkt natuurlijk aan die injectiepuntjes. Ja, vreemde zaak. Maar dat lijkt weinig met de overdosis te maken te hebben. Was dat het? Ik moet echt verder.'

Benjamin knikte. 'En heeft St Thomas al contact met uw opgenomen?'

'Jazeker.' Dokter Johnson stond op en haar blik was ineens heel streng. 'Ik begreep dat u ons ziekenhuis niet vertrouwt. Maar ik heb net opnieuw tegen mijn dierbare collega's van het St Thomas gezegd dat transport van uw zoon nu echt niet aan te raden is. Maar het is natuurlijk aan u.'

Kate keek Benjamin nog eens aan en zag dat hij nu te radeloos was om een beslissing te nemen.

'Het is goed.' Kate stond op en stak haar hand uit. 'Ik heb het volste vertrouwen in u. Alistair blijft hier.'

Dokter Johnson glimlachte weer en pakte haar uitgestoken hand met twee handen vast. 'Ik ben ook een moeder. Ik begrijp het.'

Benjamin kwam naast hen staan. 'Mogen we hem nu bezoeken?'

'Natuurlijk. Twintig minuten, hooguit. Ik zal het de agenten doorgeven.'

Ze zaten ieder aan een kant van het bed en hielden zijn hand vast. Alistair had wallen, een grijzige huid en kleurloze lippen. Maar hij leek toch rustig en ontspannen. Zijn ademhaling was traag maar constant en behalve een paar slangetjes en een infuus was zijn lichaam gelukkig verder ongeschonden.

Benjamin kuste zijn hand en legde zijn hoofd tegen Alistairs schouder.

'Stomme gek,' mompelde hij. 'Waarom? Was bier niet meer genoeg?'

Alistair reageerde natuurlijk niet, maar Kate voelde totaal onverwacht een diepe rust over zich heen komen. Ondanks de zorgen, de stress en de enorme schrik voelde het hier, in deze kamer, precies zoals het moest zijn. Met z'n drieën met elkaar verbonden, zonder een woord te hoeven zeggen.

Langzaam werd het gordijn opzijgeschoven en Peter stak zijn hoofd om de hoek. Hij gebaarde of ze met hem mee wilden lopen en Benjamin wees naar zijn horloge dat ze er over vijf minuutjes zouden zijn.

'Nog even samen,' fluisterde hij toen Peter weg was. 'Dit voelt zo goed.'

Tranen welden op en Kate durfde Benjamin niet aan te kijken. Hij voelde dus exact hetzelfde als zij. Die gelijkschakeling was echt lang geleden. En ineens begon Benjamin te zingen.

'*On and on the rain will fall, like tears from a star, like tears from a star.*'

O, die warme, omfloerste stem.

'*On and on the rain will say how fragile we are.*'

Hetzelfde lied dat hij ook op dat andere moment had gezongen. Alweer jaren geleden. Ze huilden samen en over het bed heen pakten ze weer elkaars hand vast.

Opnieuw ging het gordijn open. Kate en Benjamin stonden tegelijk op en volgden Peter mee de ic af. Peter legde uit dat de twee agenten hier voorlopig zouden blijven staan, totdat ze alle zaken die ze hadden verzameld rond de bedreigingen hadden geanalyseerd.

'Ook al hebben de gaatjes in Alistairs hals waarschijnlijk geen relatie met de overdosis, op dit moment kunnen we toch niets uitsluiten.'

Benjamin gaf Peter een tikje op zijn schouder. 'Zoveel dank, jongen. Echt. Uitstekend dat je overal bovenop zit.'

'Geen probleem, dat doen we toch voor elkaar.' Peter keek ineens wat verlegen weg.

Kate gaf hem ook maar een klopje op zijn rug. 'Echt heel erg fijn inderdaad, je bent een enorme steun.'

'Maar ik vrees dat ik jullie nu fors teleur ga stellen,' ging Peter verder. 'Jullie hebben waarschijnlijk nog niet gezien dat @Takingapiss16 weer een post heeft geplaatst?'

Kate schudde haar hoofd. 'Onze telefoons staan op stil.'

'Natuurlijk, dat begrijp ik. Maar op het account staan nu alle gevallen, Sally, Noelle, Roan, en Viola, op een rij. Met de tekst *All victims of @kateseesyou* eronder. En als laatste een foto van Alistair.'

'Wat?' Kate hield haar hand voor haar mond. 'Hoe kan diegene dat nou weten? Waar is die foto van Alistair gemaakt?'

Peter keek haar van onder zijn wimpers aan. 'Zo te zien op een feest. Alistairs ogen staan lodderig. We zijn nog aan het uitzoeken of het op dat feest van gisteren was.'

'Dat moet Jamie weten,' zei Benjamin meteen. 'Hij zou hier zijn, maar ik heb hem nog helemaal niet gezien.'

Peter wees naar het einde van de gang. 'Hij zit daar ergens. We zijn al een tijd met hem in gesprek.'

'We kunnen zeker niet naar binnen, hè?' vroeg Kate. 'Om hem te bedanken.'

Peter schudde zijn hoofd. 'Dat zou ik zeker niet doen. Zijn rol is nog helemaal niet duidelijk.'

Kate wierp een blik op Benjamin die zich zijn strenge advocatenblik weer had aangemeten: donker, geconcentreerd en extreem hooghartig.

'Dus alles valt te herleiden naar Kates account?' vroeg hij afgemeten.

Peter knikte. 'Daar ziet het nu naar uit. Deze laatste post van de stalker, zo kunnen we hem nu wel noemen, had weer een ander IP-adres met uiteraard een VPN-verbinding. Dat hij actief is op het darkweb wordt wel steeds duidelijker. Daarom moeten de collega's van het cybercrimeteam nu aan de slag. Maar die arme gasten zijn echt overwerkt. Dat zal het onderzoek dus helaas vertragen.'

'Verdomme Peter,' siste Benjamin tussen zijn tanden door. 'Dat kan toch niet. Die stalker zit zo dicht op onze huid. Het gaat om onze zoon, hè. En we hebben geen idee wie de volgende zal zijn.'

Peter zuchtte. 'Het spijt me ook echt, Ben. Maar we moeten realistisch zijn, dit is niet binnen een paar dagen opgelost.'

Benjamins kaken verstrakten. Met een diepe frons keek hij eerst boos naar Kate en toen naar Peter. 'Onacceptabel. We kunnen toch niet als *sitting ducks* wachten totdat er weer een slachtoffer valt.'

‘Zo zou ik het toch niet zien,’ zei Peter. ‘Het onderzoek gaat gewoon door. We hebben bewaking geregeld en er zit echt een heel groot rechercheteam op. We kunnen ook via de reguliere weg verder komen.’

‘Ja, whatever, kom we gaan.’ Benjamin maakte een wegwerpgebaar en begon al te lopen.

Kate pakte eerst nog Peters hand. ‘Ik begrijp je dilemma. Sorry namens Benjamin, hij is niet zichzelf.’

‘Het is al goed, Kate. Als het een van onze kids was, zou ik ook gek worden.’

Ze namen met een knuffel afscheid en Kate volgde Benjamin die al bij de lift stond te wachten.

‘Dat was echt zo ongepast,’ zei ze zodra ze naast hem stond. ‘Peter doet echt enorm zijn best. We hebben hem hard nodig, je kunt hem toch niet...’

‘Besef je wel wat je hebt gedaan?’ onderbrak Benjamin haar. Zijn felle blik leek zich dwars door haar heen te boren. ‘Het is dat klote-account van jou! Je brengt iedereen in gevaar. Zelfs onze zoon. Damn you! En dat alles voor een paar rotcenten.’

De liftdeuren schoven open en hij stapte er meteen in. Hij bleef haar recht aankijken, maar ze bleef staan en zweeg. Hij wenkte haar niet en hield ook de deur niet voor haar tegen. Langzaam gleden de deuren weer dicht en pas toen Benjamin echt uit beeld was, graaide Kate naar haar inhalator. Ze spoot drie keer en zocht steun bij de muur. Zo boos had ze hem nog nooit gezien.

28

Kate liep naar buiten en bleef staan op de stoep voor het ziekenhuis. Ergens had ze verwacht dat hij hier op haar zou wachten. Dat Benjamin ondanks zijn woede toch een arm om haar heen zou slaan en ze samen zouden bespreken wat ze nu moesten doen. Maar ze stond hier in de eerste magere stralen van de ochtendzon in haar eentje.

Met moeite kreeg ze haar telefoon uit haar broekzak getrokken en probeerde een Uber te bestellen, maar zag dat de eerstvolgende pas over een kwartier hier zou kunnen zijn. Dan maar de metro. Het was vast niet meer dan tien minuten lopen naar Hackney Station.

Ze wilde net de rotonde oversteken toen ze Bertie uit een zwarte Aston Martin zag stappen. Zijn glimmende rode donzen jack lichtte op in de zon.

'Bertie!'

Hij zwaaide uitbundig. 'Hier, kom. Snel!'

Achter het stuur van de auto zag ze Alfie zitten, die ook met wilde gebaren naar de passagiersstoel naast hem wees.

‘Kom dan, lieverd,’ riep Bertie nog eens. ‘Vlug.’

Kate rende het kruispunt over en liet zich door Bertie in de auto zetten. Ze protesteerde nog omdat hij met zijn lange lijf op de smalle achterbank moest zitten, maar Bertie wuifde haar bezwaren weg en vouwde zich direct dubbel.

‘Hoe wist je dat ik hier was?’ hijgde ze terwijl ze de deur dichttrok. ‘Wat fijn dat jullie er zijn.’

Alfie legde zijn smalle hand op die van haar. ‘Natuurlijk, lieverd, wat afschuwelijk allemaal.’

‘Je schoonmoeder belde.’ Bertie aaide haar van achter over haar schouder. ‘Ze was zo van streek.’

Kate voelde weer haar tranen prikken. ‘Echt lief dat jullie zijn gekomen.’

‘Hoe is het met Alistair?’ vroeg Bertie en Kate keek achterom. Zijn donkere ogen leken ook waterig. ‘Dat arme kind.’

Kate vertelde wat de dokter had gezegd en dat hij nu minimaal vierentwintig uur rust moest hebben. ‘Ze denkt dat het wel goed komt.’

‘Mijn god, wat een opluchting.’ Bertie hief zijn handen in de lucht. ‘Maar wat bezielde dat joch?’

Alfie moest hard remmen voor een oudere vrouw die overstak en Kate schoot naar voren.

‘Is dit jouw auto?’ vroeg ze terwijl ze haar riem nu wel vastmaakte.

Alfie glimlachte. ‘Kan iemand uit Tower Hamlets niet ook in een mooie auto rijden?’

'Nee, zo bedoelde ik het natuurlijk niet.' Ze voelde haar wangen rood worden. 'Maar je bent nog zo jong, en ...'

'Laat maar.' Bertie lachte hardop en gaf een kneepje in haar schouder. 'Je redt je niet meer uit deze wirwar van vooroordelen.'

Bertie had ook in die achterstandswijk gewoond. Met zijn drie broertjes in een tweekamerappartement, totdat zijn moeder plotseling was overleden. Daarna hadden ze jarenlang met z'n viertjes in een streng tehuis in dezelfde buurt gewoond, omringd door drugsproblemen en bendegeweld. Kate had enorme bewondering voor de manier waarop hij zich uit die ellende omhoog had gewerkt. Maar ze wist dat elke nuancering nu averechts zou werken en glimlachte alleen.

'Maar goed, Alistair,' ging ze rustig verder. 'Het blijft voor mij onbegrijpelijk dat hij zoveel MDMA heeft gebruikt.'

Alfie kuchte en ze zag dat hij en Bertie via de achteruitkijkspiegel oogcontact met elkaar zochten.

'Nou,' begon Bertie voorzichtig. 'Ons eigenlijk niet.'

Ze draaide zich met een ruk weer naar hem om. 'Wat bedoel je?'

'Alistair blowde zich gek, dat moet je gezien hebben. En waarom denk je dat hij zo dun was geworden? Terwijl hij heel veel bleef eten.'

Ze zuchtte. 'Ja, dat hebben we te laat opgemerkt, vrees ik.'

'Alfie en ik zochten de hele tijd een goed moment om het met je te bespreken,' zei Bertie.

'Maar dat leek maar niet te komen,' vulde Alfie aan. 'Nu denken we: hadden we het maar eerder gedaan.'

Ja, hadden jullie dat maar gedaan, wilde ze zeggen, maar dat was onterecht. 'We hebben allemaal steken laten vallen.' Ze keek door het raampje naar een Deliveroo-bezorger op een scooter die dicht naast hen bleef rijden. 'Ik denk dat we ons nu op iets belangrijkers moeten focussen.'

'Eens.' Bertie hield zijn telefoon in de lucht. 'De foto's van de rij slachtoffers gaan trouwens viral.'

'En jullie kregen toch ook veel DM's? Van volgers die juist met jullie meeleven?' vroeg Alfie via de spiegel aan Bertie.

Hij knikte. 'Bijna anderhalf miljoen volgers nu.'

'Kunnen we die niet gebruiken?' bedacht Kate ineens. 'Om mee te helpen met het onderzoek. We kunnen hun om tips vragen. Wie ze denken dat hierachter zou kunnen zitten. En waarom.'

Bertie schudde zijn hoofd. 'Ik vind dat *risky*. Die stalker leest duidelijk mee. Straks plaatst hij dan via een ander account zelf ook suggesties. Of probeert hij anderen verdacht te maken, om zo verwarring te zaaien. Of erger nog, gaat het account tijdelijk underground. Dan vinden we hem nooit meer.'

'Dan ga je er dus van uit dat de stalker en de naaldenprikker dezelfde persoon zijn?' vroeg ze.

Alfie stond abrupt stil voor een stoplicht. Met piepende banden remde de scooter naast hen ook net op tijd en schoof nog dichterbij.

'Dat lijkt mij een no-brainer.' Bertie gaf haar weer een kneepje in haar schouder. 'Maar veel belangrijker nog... ben jij wel veilig? Daar maak ik me pas echt zorgen over.'

'Ik heb bewaking...'

'Die auto voor je deur?' viel Bertie haar in de rede. 'Sorry hoor, maar dat stelt echt niets voor. Niet om je bang te maken, maar die gasten doen niets anders dan op hun telefoon voetbal kijken.'

'Hoe weet je dat?'

'We hebben het gisteravond nog even gecheckt.' Alfie trok hard op en Kate werd in haar stoel gedrukt. 'Bertie was er toch niet gerust op.'

'Daarom nemen we je nu mee naar mijn huis,' vulde Bertie aan. 'Ik wil niet dat je alleen thuis bent. Geen discussie mogelijk.'

Alfie knikte. 'We hebben je bed al opgemaakt.'

De bezorger reed nog steeds in hetzelfde tempo mee. Af en toe leek hij naar binnen te kijken. Automatisch draaide Kate haar hoofd weg. 'Dat is lief. Maar ik wil eerst nog een uurtje slapen. Gewoon in mijn eigen bed. En daarna moet ik met Benjamin bespreken wat we nu moeten gaan doen.'

Terwijl ze het zei, voelde Kate een steek in haar buik. Ze wist helemaal niet zeker of Benjamin nog wel met haar wilde praten. Laat staan samen een plan wilde bedenken. Maar er was eigenlijk niemand anders met wie ze zo goed kon samenwerken. Ze kon blind op zijn analytische vaardigheden vertrouwen en hij begreep als een van de weinigen haar manier van denken.

Bertie schraapte zijn keel. 'Kate please, niet boos worden nu. Maar...' Hij kuchte nog eens. 'Weet je zeker of Ben wel te vertrouwen is?'

'Wat is dat nou weer voor onzin?'

'Wacht, luister even.' Bertie wreef over zijn baardje. 'Je ex heeft al veel vaker gelogen, dat heb je me vaak verteld. Hij haat ons account en als advocaat heeft hij toegang tot...'

Een enorme klap klonk op het raam. Meteen draaide Kate zich om en werd onmiddellijk verblind door fel geflits.

'Rijden!' hoorde ze Bertie roepen. 'Alfie, gas! Kom op.'

Kate dook onder het dashboard en greep naar een handvat. 'Wat was dat?'

'Paparazzi,' riep Bertie achter haar. 'Die scooter. Er zat een fotograaf achterop.'

29

Bertie hield de autodeur voor haar open. 'Gaat het wel?'

'Beetje shaky nog. Wat een eikels zeg, levensgevaarlijk, zo dichtbij.' Ze gaf Alfie een kus en stapte uit. 'Maar *all good*, veel dank voor het thuisbrengen.'

'Wil je echt niet met ons mee?'

Kate schudde haar hoofd. 'Niet nu. Ik wil eerst slapen, douchen, een beetje bijkomen.'

'Misschien later?' vroeg Bertie terwijl hij het portier dichtgooide.

'Misschien.'

Kate wenkte met haar hoofd naar de agenten in de auto aan de overkant. 'Kijk, ze bespieden me juist heel goed.'

'Nu wel.'

'Maak je nou geen zorgen.' Ze legde haar hand op zijn arm. 'Echt, hier ben ik veilig. En ik ga nergens heen.'

Bertie leunde tegen haar voordeur. 'Vooruit, maar onder protest.'

'Zal ik je elk uur een appje sturen?'

'Elke minuut, bedoel je.' Bertie grinnikte. 'Nee, het is al oké. Maar ik hou je wel in de gaten. En ik zal opletten wie wat over ons post. Zoals die paparazzi van net, of berichten van andere juicekanalen. Misschien vinden we daar wel hints tussen. De daders kunnen natuurlijk ook nog altijd onze concurrenten zijn.'

'Die ons zwart willen maken? Door te stalken en te prikken?' Een rilling schoot over haar rug. 'Dat is wel een heel luguber idee.'

'Ik vind eerlijk gezegd élke optie angstaanjagend.'

Kate dacht weer aan Berties suggestie dat Benjamin overal achter zou zitten. '*Bloody scary. But we shall prevail over the unholy forces of our enemy.*'

'Hè, wat zeg je nou weer?'

Ze kon uitleggen dat het een citaat was van president Roosevelt, maar glimlachte alleen. 'Niets. Kom, ik ga naar binnen.'

Kate gaf Bertie een zoen op zijn wang en deed de centrale voordeur dicht. Op de trap naar boven hoorde ze Bertie nog door de brievenbus roepen. 'Stay safe. We houden contact.'

Met haar hoofd achterover over de leuning van de bank was ze toch in slaap gesukkeld. Toen ze wakker werd voelde haar mond droog en ze nam een slok van haar glas water. In haar droom had Benjamin haar enorm laten schrikken door plotseling weer in de zitkamer te staan. Al had ze de deur extra op het nachtslot gedraaid en kon hij dus zelfs met zijn sleutel niet meer binnenkomen, Berties opmerking was toch blijven hangen.

Het was overduidelijk dat haar ex hun account verafschuwde, dat hij hun juice stories moreel verwerpelijk vond en dat hij een heel machtig netwerk had. Maar hij zou haar toch niet zo erg haten dat hij zelfs het leven van hun zoon op het spel zette?

Kate stond op, rekte haar gespannen spieren en liep naar de keuken om een cappuccino te maken. Benjamin had inderdaad gelogen over zijn relatie met Lynn, maar toch kon ze hem niet een echte leugenaar noemen. Hij had troost gezocht bij een ander, maar vooral omdat zij hem in de steek had gelaten. Tracy was de eerste die haar er fijntjes op had gewezen dat Benjamin niet de enige was die hun huwelijk had opgeblazen.

Terwijl Kate haar koffie dronk, scande ze de nieuwe berichten op haar telefoon. Veel DM's van volgers die haar als moeder een hart onder de riem staken, Alistair beterschap wensten, maar er was ook iemand die schreef dat ze alle ellende over zichzelf had afgeroepen. En dat het tijd werd dat de rioolpers eindelijk zelf hard werd gestraft. Gelukkig was @Takingapiss16 even niet actief geweest.

Daarna belde ze het ziekenhuis en hoorde dat Alistair rustig sliep maar dat er verder niets nieuws te melden was. Ze mochten hem wel later die middag om vijf uur weer even bezoeken en ze appte meteen Benjamin of ze samen zouden gaan. Hoewel dat na zijn uitbarsting van vanochtend niet heel waarschijnlijk was.

Net toen ze haar telefoon wilde wegleggen, zag ze een post van @gossipbitch. Een overbelichte foto van haar verschrikte gezicht in Alfies auto, met '*KATE: HUNTED GAME*' in hoofdletters eronder. Terwijl ze naar het beeld staarde, bleef onderaan het aantal likes in hoog tempo oplopen. Kate voelde de benauwdheid alweer opkomen en ze zette direct haar telefoon op vliegtuigstand.

Darn, even niet nu. Ze moest de controle terugkrijgen. Eerst rustig bedenken wat ze nu kon doen. Als de politie het eigenlijk te druk had om snel te handelen, moest ze zelf op onderzoek uitgaan. Bij voorkeur zonder dat de politie het doorhad. Precies zoals ze vroeger bij de krant had gedaan. Veel mensen interviewen, desnoods anoniem, documenten achterhalen en proberen camerabeelden van privépersonen te pakken te krijgen. Misschien kon ze zelfs David vragen haar te helpen, een groezelige privédetective die haar wel vaker aan een bijzondere bron had geholpen.

Ze pakte haar laptop en wilde naar de bank lopen toen ze gerommel bij haar voordeur hoorde. Eerst leek het alsof een van haar buren voorbijliep, maar de voetstappen bleven recht voor haar appartement staan.

'Evy?' riep ze naar de deur.

Geen reactie.

'Wie is daar?' riep ze nu harder.

Opnieuw geen geluid.

Kate legde haar laptop weg en sloop naar de deur. Op haar tenen keek ze door het spionnetje en zag niets, alsof het spionnetje met tape was afgeplakt. Met een ruk trok ze de deur in een keer open.

'Tom?'

Voor haar stond haar bovenbuurman. In sportkleren, met zwarte leren handschoenen aan en een roze envelop in zijn hand.

'Hoi, Katie, hier, alsjeblieft.'

Kate trok haar trui over haar vingers en pakte toen pas de envelop aan. 'Hoe kom je hieraan?'

'Die lag beneden op de mat.' Tom glimlachte, maar ze zag dat zijn rechterooglid trilde. 'Ik herinnerde me dat er ook zo eentje boven op die spuiten lag. Ik dacht meteen: die wil Katie vast wel hebben. Hoe is het trouwens met al die naalden afgelopen?'

Tom praatte anders, te snel en te veel.

'De politie doet nog onderzoek.' Ze legde de envelop naast zich op een kastje. 'Het zal nog wel even duren. Alles goed bij jullie?'

'Prima, hoor. Evy is natuurlijk topzwaar.' Tom ratelde door over een doktersbezoek en de commode die nog in elkaar gezet moest worden, maar Kate luisterde niet. Ze kon alleen maar naar zijn trillende ooglid kijken. Hij verborg iets. Ze wist het zeker.

'Zeg, ik moet door. De gym roept,' besloot hij.

'Mij niet, hoor.'

Tom lachte, maar meer omdat het na een grapje zo hoorde dan dat het klonk alsof hij haar echt geestig had gevonden. 'Tot later.'

Kate deed de deur dicht en draaide meteen alle sloten dicht. Damn it, dit klopte echt niet. Ze greep haar telefoon, zette hem weer aan en drukte op Peters nummer.

30

'Kate, ho, wacht even. Nog een keer en dan iets langzamer alsjeblieft.'

Eerst haalde Kate een keer diep adem en herhaalde toen puntsgewijs wat ze net had verteld. Dat ze Evy afgelopen week met stapels cashgeld had gezien, dat Tom vaak plotseling ergens opdook. Ook onverwacht in de Callooh Callay. Dat hij op onlogische momenten ineens nette kleren droeg en rare avances had gemaakt. Dat het best vreemd was dat ze hier in een onlangs gerenoveerd appartement woonden, dat voor twintigers met een vaag creatief beroep op zijn zachtst gezegd fors aan de prijs was. En dat Evy opvallend veel over nieuwe soorten drugs en het gebruik ervan wist.

Peter reageerde niet meteen. Ze hoorde dat hij op zijn toetsenbord tikte en ze wachtte totdat het stil werd.

'Wat denk je?' vroeg ze uiteindelijk.

Peter schraapte zijn keel. 'Dat het heel goed is dat je hebt gebeld.'

'Trouwens nog iets, hij heeft ook tegen zijn vrouw gelogen. Dat hij mij na een cafébezoek thuis had gebracht, terwijl ik zeker weet dat dat niet is gebeurd. Die avond had Alistair het namelijk gedaan.'

'Tja, opmerkelijk.'

'Opmerkelijk?' herhaalde Kate. Hoe kon hij nou zo onderkoeld reageren? 'O, en Evy vroeg ook nog of de appartementen gehorig waren. Ze wilde duidelijk checken of ik ze kon afluisteren.'

'Is hier Kate de onderzoeksjournalist weer aan het werk?' Peter grinnikte. 'Ik begrijp je punt, hoor. Dit is een aardig rijtje toevalligheden, maar laten we nou niet meteen conclusies trekken. Dit kan ook...'

'Toevalligheden?' Ze voelde irritatie opkomen en kon het niet langer onderdrukken. 'Verdomme Peter, dit is toch echt heel bizar. Hij stond ineens voor de deur met die leren handschoenen aan...'

'Ik hoor je,' onderbrak Peter haar. 'Heus, ik begrijp je stress. Je staat onder enorme druk. En dan ook nog dat gedoe met Alistair. Maar je moet ons vertrouwen. We zijn hard aan het werk. En natuurlijk geef ik alles over deze... Tom zei je?'

Ze knikte driftig zonder dat Peter dat kon zien. 'Klopt.'

'Alles over Tom geef ik natuurlijk aan de detectives door. Heb je enig idee waarom hij je zou willen stalken?'

Kate liet zich op de bank zakken. Een essentiële vraag, waar ze eigenlijk nog helemaal niet over had nagedacht. 'Misschien doet hij het in opdracht van iemand anders,' zei ze aarzelend.

'Maar van wie dan?' vroeg Peter meteen. 'Maar goed, zoals ik al zei, het blijft een opmerkelijke kwestie. En we zullen het zeker serieus nemen. Tegelijkertijd, zijn er ook nog veel open vragen. We moeten dus nu echt geen overhaaste conclusies trekken.'

'Ja maar...' begon ze, maar ze wist eigenlijk ook niet wat ze nog meer kon zeggen om Peter te overtuigen. 'Wil je zijn nummer niet hebben?'

'Goed idee.'

Kate gaf de achternamen en telefoonnummers van haar bovenburen door, en ineens voelde ze zich ongemakkelijk. Eigenlijk was ze nu haar vrienden aan het verraden. Wat nou als ze er inderdaad helemaal niets mee te maken hadden?

'Maar je hebt gelijk,' zei ze daarom snel. 'Misschien is het ook wel stom toeval. Het zijn echt aardige lui.'

'Ongetwijfeld. Toch geef ik het door, je weet nooit. Is Benjamin daar ook? Ik wilde hem nog iets vragen.'

Ze zuchtte. 'Hij is gewoon thuis... denk ik.'

'Ach, natuurlijk, stom. Ik bel hem zo wel even. Hoe gaat het verder met Alistair?'

Kate legde uit dat ze het ziekenhuis had gesproken en dat ze er vanmiddag weer langs zouden gaan. Hoewel ze nog steeds geen appje van Benjamin had teruggekregen. Ze had geen idee of hij überhaupt samen met haar aan het bed van hun zoon wilde zitten, maar dat durfde ze niet hardop uit te spreken.

Ze namen afscheid en Kate hing op. Peter had echt vriendelijk gereageerd en toch voelde het gesprek onaf. Net was ze nog overtuigd geweest dat Tom erbij betrokken was, maar bij wat eigenlijk? Een motief leek inderdaad volledig te ontbreken. Wat zou hij er in vredesnaam mee willen bereiken? En als Tom inderdaad de stalker was, was het eigenlijk best vreemd dat hij die brief zelf voor haar deur wilde neerleggen.

Kate keek weer naar de envelop op het kastje. Ze had Peter beloofd nergens meer aan te komen. De surveillerende agenten zouden hem zo komen ophalen. Ze had zo graag even gespiekt om te zien welke hint de stalker hierin zou geven.

Maar ze kon natuurlijk wel verder zelf op onderzoek uitgaan. Vastberaden liep ze de hal in, liet haar voordeur open voor de agenten en nam de trap. Ze kon Evy gewoon zelf vragen hoe ze aan zoveel cashgeld kwam. Soms was de meest directe benadering de beste. En dan kon ze ook informeren waarom ze zoveel over drugsgebruik wist. Bovenaan de trap zag ze de deur van haar bovenburen op een kier staan.

'Evy?' riep ze en klopte extra hard op de deur. 'Evy? Kate hier. Ben je thuis?'

Geen reactie. Er klonk alleen een slepend, krassend geluid op de achtergrond.

'Hallo?'

Terwijl ze de deur verder openduwde, tikte Kate nog eens op de deur. 'Evy? Ik ben het.'

De zitkamer zag er ongekend rommelig uit. Kussens waren van de bank gevallen, alle lichten waren aan en overal verspreid lagen verfrommelde kranten. De elpee op de draaitafel draaide nog rondjes, de naald kraste luid in de laatste groef.

'Evy!' riep ze nog eens en ze zag in de keuken half leeggegeten ontbijtborden staan. Restjes toast en wafels dropen van de stroop. Een volle cappuccino leek onaangeroerd. Ze voelde aan de mok die nog een beetje lauw was.

Haar borstspier kneep samen. 'Evy? Ben je oké?'

Stevig stampend, als aankondiging dat ze eraan kwam, liep Kate door naar de slaapkamer. De deur stond wagenwijd open, de lakens waren bijna geheel van het bed afgetrokken. Overal zag ze schoenen, kleren en losse papieren liggen. Een lege koffer stond half open in een hoek van de kamer.

'My god,' fluisterde ze. 'Wat is hier gebeurd?'

Hoewel Kate niet verwachtte iemand in de badkamer te vinden, checkte ze voor de zekerheid ook die ruimte nog. Opengetrokken lades en een toilettas lag op zijn kop op de grond. Haar ademhaling versnelde. Was er ingebroken? Waren ze gevlucht?

Net toen ze terug de slaapkamer in wilde lopen, zag ze in de hoek een stapel handdoeken liggen. Kletsnat, met… shit, nee, dat waren bloedspetters. Nu zag ze ineens ook vage rode strepen op de tegels. Alsof iemand snel een plas bloed had opgeveegd.

Direct leken haar longen te krimpen. Kate zocht steun bij de deurpost en voelde in haar broekzakken. Damn, ze had haar inhalator niet bij zich. Ze moest meteen naar beneden.

Naar zuurstof happend liep ze de gang op. Even leunde ze tegen de muur. Nog tien stappen, dan was ze bij de voordeur. Ze schuifelde vooruit. Nog zes. Ze hoorde haar adem zacht piepen. Nog vier. Dit ging ze niet redden.

'Help,' probeerde ze te roepen. Maar er klonk alleen een hees geluid.

Voorovergebogen, hijgend, greep ze naar de plank van een boekenkastje. Nog drie stappen, dan stond ze in het centrale trappenhuis. Zo diep mogelijk zoog ze verse zuurstof naar binnen. Kom op, nog een stap. Nog één. Ineens zag ze het liggen, op de onderste plank... een stapel roze enveloppen.

'Nee,' klonk het nu wel luid uit haar keel. Een stoot adrenaline gaf haar plots wat lucht.

Kate boog zich verder voorover en riep nu zo hard ze kon het trappengat in. 'Help! Iemand?'

Gerommel aan de centrale voordeur.

'Help,' riep ze nog eens. Ze schoof door naar de hal. 'Ik ben boven.'

Beneden knalde een deur open. Was dat Tom?

Haar longen leken ineens verdwenen, zo benauwd was ze. Opnieuw probeerde ze te gillen, maar nu klonk alleen gepiep.

Voetstappen op de trap. Hoe ging ze hier wegkomen? Ze tastte naar de leuning. Plotseling draaide alles om haar heen, ze greep mis en viel voorover het trappenhuis in.

31

Ze rook hem. Dat parfum. Benjamin was hier.

Kate lag op haar rug en probeerde haar ogen te openen, maar haar wimpers raakten een nat doekje. Ze hoorde een deur die dichtsloeg, stromend water en voetstappen dichtbij. Haar mond was droog, maar haar longen waren weer open. Ze ademde diep in.

'Ben?'

'Hé, schone slaapster.'

Het doekje werd van haar ogen getrokken en ze zag Benjamin dicht bij haar zitten. Op een eetkamerstoel, vlak naast de bank.

'Wat doe jij hier?' Kate probeerde te gaan zitten, maar ze voelde een steek achter haar ogen. 'Oef, wat is er gebeurd?'

'Laat mij maar.' Benjamin schudde de kussens van de bank wat op en hielp haar om rechtop te gaan zitten. 'Het moet een lelijke val zijn geweest.'

Hij gaf haar een kop thee en vertelde dat twee agenten

haar bewusteloos onderaan de trap hadden gevonden. Maar dat ze snel was bijgekomen en de agenten haar toen naar boven hadden geholpen. 'Je was nog erg versuft, dus ze belden mij.'

'Dat weet ik niet eens meer.'

'Natuurlijk heb ik ze direct gerustgesteld en over je astma-aanvallen uitgelegd. Op mijn aanwijzingen vonden ze gelukkig vrij snel de inhalator in je tasje.'

Kate glimlachte. 'Dat heb jij me geleerd. Om er altijd overal een paraat te hebben.'

'Dan ben ik toch nog ergens goed voor geweest.'

Ze keken elkaar even aan en grinnikten samen. Meteen voelde Kate de spanning uit haar schouders glijden.

'Zijn we weer oké?' vroeg ze.

Hij knikte. 'Het spijt me. Ik was onredelijk.'

Natuurlijk had ze kunnen zeggen dat hij inderdaad buitensporig boos was geworden, maar dat ze het wel begreep. Tenslotte was zij ook niet zichzelf. Alistairs coma hield hen allebei continu bezig. Maar ze wist ook dat al die woorden niet meer nodig waren. Ze zaten weer op een lijn.

'Fijn dat je bent gekomen.'

'Vanzelfsprekend. Je blijft de moeder van mijn zoon.' Hij zag er moe uit. Grijze wallen onder zijn ogen en zijn krullen waren ongekamd. 'Denk je dat je fit genoeg bent om hem straks te bezoeken?'

'Natuurlijk.' Ze wreef over haar achterhoofd. 'Best grote bult.'

'Als dat het enige is...'

'Heb ik geluk gehad. Dat besef ik ook.' Ze nam een slok van de thee. 'Zijn die agenten er nog?'

'Niet meer. Ze vertrokken snel met die laatste brief. Hun collega's in die surveillanceauto baalden dat ze niet hadden gemerkt dat die brief was bezorgd.'

'Hebben ze echt helemaal niemand gezien?'

Benjamin schudde zijn hoofd. 'Alleen de bewoners.'

'Shit, Tom!' Ineens wist ze het weer. De enveloppen, de bloedvlekken. 'Ik moet onmiddellijk Peter bellen. Ik was namelijk boven...'

'Wacht even. Rustig aan.' Benjamin pakte haar handen. 'Peter komt eraan. Hij belde me al en heeft uitgebreid over die Tom verteld. Klinkt inderdaad allemaal wel te toevallig. Maar belangrijker nog, hij had een andere vraag... Ben je geduwd?'

'Geduwd?'

'Ja, heeft iemand je van de trap af geduwd? Was het die Tom misschien?'

Ze glimlachte. Zijn zachte handen, zijn bezorgdheid. Bens aanwezigheid voelde als een warme deken. 'Nee, ik werd duizelig. Door de benauwdheid, denk ik. En ik ben zelf gevallen, geloof ik.'

'Wat deed je dan boven? Woont die Tom daar?'

'Ja, daar wilde ik Peter weer over spreken. De deur van hun appartement stond open en...'

De deurbel klonk en Benjamin stond meteen op. 'Dat zal hem zijn. Wacht nog even, dan kan je alles in één keer vertellen.'

'Waarom komt hij eigenlijk helemaal hierheen? Konden we hem niet gewoon bellen?'

Benjamin haalde zijn schouders op. 'Beetje onduidelijk, maar er was iets dat hij alleen met ons persoonlijk kon bespreken.'

'Echt?' Een rilling schoot over haar rug. 'Dat klinkt onheilspellend.'

Benjamin zette zijn leesbril op en staarde naar het kleine videoschermpje. 'Ja, dat is hem, met nog iemand. Een collega misschien? Zal ik opendoen?'

'Natuurlijk, knopje rechtsonder indrukken.'

Terwijl ze haar kleren een beetje rechttrok en de plaid van zich af duwde, hoorde ze de twee de trap op komen. Ze herkende het accent van Peter, maar ook de zware stem van... jezus, ja, dat was Tom!

Kate wilde Benjamin roepen, maar het was al te laat. Ze hoorde dat hij zich aan Tom voorstelde en de twee binnenliet.

'Hé, Kate. Hoe is het?' begon Peter meteen toen hij de kamer in liep. 'Wat heb je nou weer gedaan?'

'Wat heb ik gedaan? Wat heb jij in godsnaam gedaan?' Ze wees naar Tom. 'Wat doet die vent hier?'

De drie mannen stonden op een rij en wisselden onderling felle blikken uit. Benjamins donkere ogen bleven strak op Tom gericht. Ze zag dat hij zijn vuisten balde.

'Het is in orde,' zei Peter snel. 'Ik zal het allemaal uitleggen, maar laten we eerst even gaan zitten.'

Peter en Tom gingen tegenover haar in een stoel zitten,

maar Benjamin bleef naast haar staan. 'Vertel maar.'

Peter schraapte zijn keel. 'Het spijt me. Ik kon het echt niet eerder zeggen. Anders zou ik de hele operatie opblazen.'

'Wat bedoel je in godsnaam?' vroeg Benjamin.

'Tom is een van ons.'

'Wat?' Benjamin zakte op de eetkamerstoel. 'Een undercoveragent?'

Peter knikte. 'Twee jaar geleden hebben we een groot onderzoek opgezet. De drugshandel hier in de buurt liep totaal uit de klauwen. We moesten er diep in duiken en hebben Tom en Evy ingezet. De beste *special agents* die we hebben. En Kate, toen jij Tom op heterdaad betrapte met de envelop in zijn hand, heb ik onmiddellijk toestemming gevraagd om jullie in te lichten.'

'Ongelofelijk. Dit moet ik even laten bezinken.' Kate schudde haar hoofd. 'Vandaar het cashgeld, die leugens, die...'

Peter grinnikte. 'Precies. We konden natuurlijk niet voorzien dat jij er zo bij betrokken zou raken. Dat die stalker drugs zou gebruiken om je te terroriseren. Dat was echt extreem toevallig. Tom kon je daardoor wel onopvallend beschermen, maar hij mocht natuurlijk niet zijn cover onthullen.'

'Ik kan er nog steeds niet veel over zeggen.' Tom wreef in zijn handen en ging verzitten. Hij was duidelijk niet op zijn gemak. 'We zitten hier nu vooral om om jullie medewerking te vragen. Al is mijn cover nu deels bekend, er spelen zoveel zaken. We moeten ons werk in de buurt nog even doorzetten. Echt, er staan levens op het spel. We zitten dicht bij de bazen van een bende die hier grote problemen veroorzaakt. Mogelijk lossen we daarmee meteen tientallen liquidaties op. Het is dus superbelangrijk dat jullie hierover zwijgen.'

'Natuurlijk,' zei ze snel, maar dacht meteen weer aan de bende in hun appartement. 'Maar Evy dan? Is ze je echte vrouw?'

'Gelukkig wel ja,' zei Tom.

'Waar is ze nu dan? Is ze weggevlucht? Dat bloed, die troep boven.'

Nu schoot Tom in de lach en zijn gezicht ontspande. 'Ben jij bij ons binnen geweest?'

'Schuldig.' Kate knikte. 'Ik vertrouwde het niet. Dan schiet ik direct in mijn journalistieke modus.'

'Wil je anders voor ons komen werken?' Tom gaf haar een knipoog. 'Maar wel goed opgemerkt. Evy is vanochtend halsoverkop naar het ziekenhuis vertrokken. Ze verloor wat bloed. Alles lijkt gelukkig helemaal in orde. Ze houden haar voor de zekerheid nog een dagje daar.'

'Eindelijk een beetje goed nieuws.' Kate zuchtte diep. 'Konden we best gebruiken.'

Benjamin kneep even in haar schouder. 'Zijn jouw journalistieke vragen nu beantwoord?'

'Nog lang niet natuurlijk.' Kate nam een slok van haar lauwe thee. 'Maar veel dank dat jullie hierover persoonlijk uitleg hebben gegeven.'

‘Ja, dat waarderen we zeer,’ vulde Benjamin aan. ‘En natuurlijk werken wij voor de volle honderd procent mee. Fantastisch werk Tom. Die drugsellende moet worden opgelost.’

‘Thanks. Nu moet ik er helaas weer van door.’ Tom stond direct op en knikte naar Peter. ‘In mijn eentje natuurlijk. Mijn routine mag niet veranderen, nog geen detail. Die gasten houden mij strak in de gaten, één misstap en ik ben er geweest. Normaal zit ik rond deze tijd in de gym. Daar gebeuren de meeste drugsdeals. Dus ik moet me echt haasten. Excuus.’

‘Snap ik,’ zei Benjamin die met hem meeliep naar de deur. ‘Stay safe mate.’

Benjamin sloot de deur en deed meteen een paar lampen aan. Het was pas halverwege de middag, maar het begon al te schemeren. Ondertussen vertelde Peter dat het onderzoek naar @kateseesyou nog niet veel verder was gekomen. ‘In de envelop van vanochtend stond alleen *Kate, look over and in your shoulder.* Ongetwijfeld refererend aan de naaldenprikjes in Alistairs nek en dat je zelf moet blijven opletten.’

‘Of dat Kate nu het eerstvolgende slachtoffer zal zijn,’ zei Benjamin terwijl hij weer ging zitten. ‘De cirkel van slachtoffers wordt steeds nauwer.’

Peter knikte. ‘Dat kan natuurlijk ook. Maar maak je geen zorgen, we houden je familie goed in de gaten.’

‘Slimme vent trouwens, die Tom,’ zei Benjamin.

‘Absoluut.’ Peter knikte weer. ‘Zo jong en dan al zo goed.

Echt stom toeval dat hij hierboven woont.'

Even waren ze alle drie stil. Kates hoofd bonkte en ze verlangde naar paracetamol, maar ze wilde Peter ook niet wegsturen.

Gelukkig stond Benjamin ineens op. 'Peter, nogmaals veel dank. Voor alles. Maar ik denk dat Kate nu wat moet rusten.'

'Vanzelfsprekend.' Peter hees zich met moeite uit de stoel. 'Sorry, een kapotte knie. Door tennis, een stomme sportblessure. Als ik langer zit wordt het erger. Maar goed, ik hou jullie op de hoogte. En ik hoor het natuurlijk graag als je weer een nieuwe verdachte in beeld hebt.'

Kate lachte hem toe. 'Pas maar op, straks leg ik nog het hele undercovernetwerk bloot.'

'In dat geval moet je echt bij de politie komen werken.' Peter gaf haar een kus. 'Maar eerst wat bijkomen hè. Tot snel.'

Benjamin liet Peter uit en kwam direct weer naast haar staan. 'Ik zie net een appje van Lynn. Ze maakt zich zorgen. Over Alistair vooral. Ik denk dat het beter is als ik weer naar huis ga.'

'Ja, ga. Ik red me wel. No worries.'

'Zeker weten?'

'Echt. Ik ben helemaal oké hier. En volgens Peter heel goed beschermd,' imiteerde ze zijn cockneyaccent.

'Oké, dan ga ik maar.' Hij pakte zijn jas, maar deed hem niet aan. 'Bel je mijn moeder even? Ze was zo bezorgd over je.'

'Die stond al op mijn lijstje.'

'En je vader,' zei Benjamin.

'Die staat bovenaan.' Ze glimlachte. 'Ben je nou aan het treuzelen?'

'Geloof het wel. Maar ik vind het een rotidee om je hier achter te laten. Wil je echt niet bij mij logeren?'

Ze schudde haar hoofd. 'We zien elkaar al aan het eind van de middag. Bij Alistair. We appen nog wel over de tijd.'

'Goed idee.' Benjamin trok eindelijk zijn jas aan. 'Voorzichtig doen hè!'

'Ik ga nergens heen. Dag Ben.'

Hij glimlachte, zwaaide en liep naar de deur. 'Tot later Katie.'

De deur viel in het slot en Kate hoorde hoe Benjamin hem ter controle nog eens extra hard dichttrok. Hoe kon Bertie suggereren dat deze bijzondere man haar vreselijke stalker kon zijn? Ze waren nog met te veel draadjes aan elkaar verbonden, en ze wist nu zeker dat hij dat ook zo voelde. Vandaag had hij het zelfs niet meer over zijn vriendin gehad. Hij had gevraagd of ze bij hém wilde komen logeren. Niet bij hén. Dus ook Lynn kon niet tegen hun gedeelde geschiedenis op.

Kate trok de plaid weer over zich heen, zette een wekker op haar telefoon en draaide zich op haar zij. Binnen een minuut was ze in een diepe slaap.

32

'Ja pap, we gaan zo naar hem toe.' Ze had haar vader al drie keer gezegd dat ze Alistair zouden bezoeken, maar hij klonk verward. 'Dan hoor ik vast meer.'

'En ze hebben nog geen idee hoe het is gebeurd?'

'Nog niet precies.' Kate had niet alles verteld. Haar vader was zo geschrokken van Alistairs coma dat ze de rest wat had afgezwakt. 'Maar het komt goed. Echt.'

Ze zag dat Bertie haar probeerde te bellen. 'Ik moet ophangen pap. Maak je nou niet te veel zorgen. Vraag maar of Ingrid een lekker glas wijn inschenkt. En zodra ik meer weet, bel ik je meteen.'

'Zal ik niet naar jou komen?'

Het zou prettig zijn om hem om haar heen te hebben. Maar ook lastig door zijn slechte zicht. 'Lief, maar ik red me wel. En Benjamin helpt.'

'Echt? Dat stelt me gerust.' Ondanks alles wat er was gebeurd, was haar vader nog steeds een fan van haar ex. 'Sterkte dan samen. Dag lieverd.'

Kate hing op en belde Bertie terug.

'Heb je het gezien?' vroeg hij meteen.

'Wat?'

'My god, hou je zelfs nú je socials niet bij?'

Ze zuchtte. 'Bertie, relax. Ik heb een uurtje geslapen. Er speelt nogal veel.'

'Je hebt gelijk, sorry. Dat was ongevoelig van me.'

'Nogal ja. Ik ga zo naar Alistair toe. Dan weet ik meer.' Kate hoorde dat hij inhaleerde. 'Rook je?'

'Eentje maar. Ik word gek van de stress.'

'Wat is er dan?'

'@Takingapiss16 heeft weer gepost.'

'Shit.'

'Dat kan je wel zeggen. Nu staat er *@kateseesyou made living with her a hell. Now it's her turn*.'

'Living wíth her? Staat dat er echt?'

Bertie zoog weer hard aan zijn sigaret. 'Ik zei het je... het is Benjamin.'

'Kappen nou Bertie. Dat is waanzin. Die man zou zijn zoon nooit iets aandoen.'

'Jou wel?'

'Nee, ook niet natuurlijk.' Toch twijfelde ze weer even. Hij had haar vervloekt, egocentrisch genoemd en hij wist alles van haar. Had zelfs haar sleutel. Nee, niet doen, zei ze meteen tegen zichzelf. Niet verder denken. 'Benjamin is een van de goodguys.'

'Of een *gentleman killer*? Ken je die film?'

'Het is niet grappig, Bertie. Kom op.'

Nu blies hij hard uit. 'Nee, dat is ook ongepast. Uiteraard verdedig je Benjamin. Dat snap ik. Maar in reacties op de post trekken mensen wel hun eigen conclusies. Zijn naam komt af en toe al voorbij.'

'Serieus?' Ze scrolde naar het account. 'O jee, ik zie het. *Made living with a monster a killer of Lord Burton? Lord Burton is hunting his Lady*. Waar komt deze bagger vandaan?'

Bertie trok weer aan zijn sigaret. 'Ik heb die accounts gecheckt. Allemaal net gestart en met maar een paar volgers.'

'Misschien dus ook het werk van @Takingapiss16?'

'Lijkt het wel op.'

Ze voelde haar longen weer verkrampen, en zuchtte diep. 'Dit moet Benjamin weten. Dit kan zijn advocatenpraktijk schaden.'

'Eens, ik heb hem al geprobeerd te bellen.'

'Jij?' Ze greep naar haar inhalator maar de benauwdheid zette niet door. 'Waarom?'

'Ik bleek zijn nummer nog te hebben, en ik kon jou net niet bereiken.'

'Wat zei hij?'

'Hij nam ook zijn telefoon niet op,' zei Bertie. 'Lekker stel zijn jullie.'

'Ik zal Basil wel even bellen.'

'Wie?'

'De butler van Benjamin.'

'Butler? Die waren toch al honderd jaar uitgestorven?'

Ineens schoot Kate ondanks alles in de lach. 'Nou, bij de familie Burton doen ze dan aan natuurbehoud, want Basil is nog springlevend.'

Ze spraken af dat Bertie een paar tegenreacties zou plaatsen. Liefst met humor om de aandacht wat af te leiden. En nadat ze het gesprek hadden beëindigd, belde Kate meteen Basil.

'Hello, milady.'

'Sorry Basil, maar even snel, kan ik meneer kort spreken?'

'Dat zal niet gaan, vrees ik.' Basil kuchte ongemakkelijk. 'Hij zit in zijn studeerkamer, met de deur op slot. Ik wilde hem net wat eten brengen, maar hij deed niet open. Hij draait alleen maar heel luid de *Matthäus-Passion*.'

Wat een dramaqueen, dacht Kate, maar ze zei dat ze eraan kwam. 'Ben er over twintig minuten. Tot zo Basil.'

Ze hing op, bestelde een Uber en pakte haar spullen. Ze kon het beste Benjamin zelf uitleggen wat er speelde en dan konden ze daarna samen door naar het ziekenhuis. Voor de zekerheid gooide ze een extra inhalator in haar tas en wat paracetamol. Toen ze de ping van de Uber-app hoorde, sloot ze de deur en controleerde extra goed of ze hem op slot had gedraaid.

33

Ze reden langs Holland Park en Kate keek opnieuw over haar schouder. Toen ze haar gebouw verliet, had ze de auto met agenten niet zien staan. Hopelijk stonden ze gewoon goed verdekt opgesteld. Ze waren er natuurlijk vooral om in de gaten te houden of er nog meer roze enveloppen werden bezorgd, maar ze vond het toch ook gewoon een veilig idee. Eigenlijk wist ze niet of ze haar nu zouden volgen, ze had in elk geval nog niets gemerkt.

Ze stuurde Louise een berichtje dat het beter met haar ging en dat ze vanmiddag zou bellen, nadat ze bij Alistair waren geweest. Dat hun familienaam op social media door het slijk werd gehaald, liet ze achterwege.

Om de hoek bij Benjamin stapte ze uit en Basil had de deur al geopend voordat ze het bordes op was gestapt.

'Welkom, wat fijn u weer te zien.'

Ze gaf de oude man een korte knuffel. 'En jou ook. Hoe is met je lieve vrouw?'

'Alles goed milady.' Hij nam haar jas aan. 'Ik maak me

meer zorgen over meneer. Hij zit al uren boven.'

Kate hoorde de blazers van Bach door de hal schallen. 'Is mevrouw er niet?'

'Ze is na de lunch met een koffer vertrokken.'

'Waarheen?'

Basil haalde zijn schouders op. 'Geen idee. Ze heeft haar auto meegenomen.'

Kate bestudeerde zijn gezicht. Even leek ze een vals glimlachje te zien, maar meteen trok hij zijn mond weer recht. Hij had vijftig jaar familiegeschiedenis voorbij zien komen, was altijd discreet geweest. Ze wist dat meer vragen stellen geen zin had, hij zou niets prijsgeven.

'Nou, dan ga ik maar boven kijken,' zei ze en ze wilde de trap op lopen toen Basil haar een sleutel aanreikte.

'Dat is de loper. Voor als hij ook voor u niet opendoet.'

Ze liep over de rode traploper naar boven en bleef voor de dubbele deuren staan. De gang was spierwit geschilderd, met veel moderne kunst aan de muur. Ze herkende alleen de foto's van Rineke Dijkstra, die ze samen hadden gekocht. De rest was te kleurrijk. Dat waren zeker niet Benjamins keuzes geweest.

'Ben?' Ze klopte hard op deur. 'Ik ben het, Kate.'

Geen reactie natuurlijk. Nu klonk een aria, met hoge uithalen.

'Ben, doe open,' zei ze luider, maar ze kwam niet boven het gezang uit.

Kate probeerde de deurknop, maar die gaf niet mee. Ze stak de sleutel in het slot, en twijfelde. Waarom zou hij zich eigenlijk opsluiten? Zou hij al gezien hebben dat zijn naam viral ging? Misschien wilde hij haar wel helemaal niet zien. Was hij weer boos op haar.

Nee, ze moest hem persoonlijk spreken, besloot ze en draaide toch de sleutel om. Langzaam deed ze de deur open en haar ogen moesten even wennen. De grote kamer met het hoge plafond was bijna helemaal donker. Alleen een oude schemerlamp in de hoek gaf een gelig, oubollig licht. Benjamin zat omgedraaid in zijn bureaustoel en staarde door de erker naar de donkere straat.

'Ben? Wat is er?' Kate liep de kamer in en bleef bij het bureau staan. 'Waarom zit je hier in het duister?'

Hij reageerde niet, maar leek ook niet verrast door haar komst. Ze pakte de afstandsbediening en zette de muziek zachter. 'Ben, kom op.'

'Ik zag je uitstappen,' klonk het ineens. Hij draaide zich niet om, maar ze was opgelucht zijn stem te horen. 'Waarom ben je hier?'

Kate liep om het bureau heen en ging naast hem staan. Op zijn schoot lag een foto van hen drieën. Gemaakt toen ze voor het eerst in New York waren en boven op het Chrysler Building stonden. Alistair was hooguit acht jaar en stond tussen hen in. Benjamin hield haar stevig vast. Hun haren waaiden alle kanten op en alle drie lagen ze dubbel van het lachen. De gids die de foto maakte, had net iets van '*God save the queen*' geroepen.

'*Happy times*,' zei ze. '*Sweet memories*.'

Benjamin knikte en legde het lijstje op zijn bureau.

'Kom je me vertellen dat ik nu ook een doelwit op Instagram ben?'

'Je wist het al?'

'Lynn stuurde me een berichtje.'

Kate ging in de vensterbank zitten. 'Waar is ze nu?'

'Vertrokken.'

'Waarheen in godsnaam?'

'Geen idee.' Hij zuchtte en keek haar nu pas voor het eerst aan. 'We hebben knallende ruzie gehad.'

'Wat rot. Net nu, met deze stress.'

Benjamin wreef met zijn handen over zijn gezicht. 'Het ging over jou.'

'Waarom?'

'Ze vindt dat je te veel aandacht vraagt.'

'Daar heeft ze wel gelijk in.' Kate speelde achteloos met de franjes van een kussen. Ze wilde niet laten blijken dat ze de ruzie eigenlijk wel goed nieuws vond. 'Maar het zijn ook uitzonderlijke tijden.'

'Dat zei ik ook.'

'En toen?'

'Toen werd ze heel boos... en heb ik echt iets heel stoms geroepen.'

Kate wilde direct vragen wat, maar besefte dat het beter was als Benjamin er zelf over begon en ze zweeg. Ze hoorden een sirene op de achtergrond en Basil die beneden de haard aanmaakte.

'Ik heb gezegd dat het leek alsof zij achter @Takingapiss16 zat. Omdat ze zo jaloers reageerde.'

Kate sprong op. 'Benjamin, dat is absurd! Natuurlijk is ze vertrokken.'

'Ik zei toch al dat het heel stom was.' Benjamin ging ook staan en begon meteen rondjes door de kamer te lopen. 'Maar word jij er dan niet gek van? Dat we nog steeds niet weten wie hierachter zit?'

'Ik word er helemaal paranoïde van. Ik heb zelfs even gedacht dat jij het was, omdat je zo boos werd vanwege mijn account.'

Benjamin bleef abrupt midden in de kamer staan en barstte in lachen uit. 'En dan mijn eigen kind platspuiten. Echt een briljant idee.'

Kate lachte mee en bedacht dat Lynn ook zo had kunnen reageren. Begripvol naar elkaar, omdat ze allemaal onder hoogspanning stonden.

'Zullen we maar naar het ziekenhuis gaan?' vroeg Benjamin uiteindelijk. 'Zal ik vragen of Basil ons wil brengen?'

Ze knikte en samen liepen ze de gang op. Even dacht ze dat hij haar hand zou pakken, maar hij liet haar voorgaan, de trap af. Precies zoals een gentleman hoorde te doen.

34

Ze stonden op het bordes van het ziekenhuis. Kate rilde en trok haar muts verder over haar oren. Het begon mistig te worden, flarden nevel dreven over de straat voorbij.

'Wat een opluchting hè?' Benjamin sloeg zijn sjaal nog eens om. 'Ik had niet durven dromen dat Alistair zo snel zou herstellen.'

'Hij had al zoveel meer kleur in zijn gezicht.'

Benjamin knikte. 'Zullen we morgen weer samen gaan?'

'Graag. Ze zeiden toch dat hij in de loop van de ochtend wakker kon worden? Zullen we dan tien uur afspreken?'

'Perfect.' Hij pakte zijn telefoon. 'Ik heb Basil naar huis gestuurd. Zal ik een Uber voor je bestellen?'

'Nee joh, dat doe ik zelf wel.'

Ze stonden allebei met hun telefoon in de hand, maar deden niets. Alsof ze de tijd wilden bevriezen. Bezoekers schoven langs, een taxichauffeur hielp een vrouw instappen, de lampjes in een kerstboom begonnen te flikkeren.

'Wil je misschien nog een drankje doen?' Benjamin

wees naar de pub aan de overkant. 'Even unwinden.'

'Vooruit, één biertje.'

In elkaar gedoken staken ze door de nevel voorzichtig de straat over. De gele knipperbollen bij de zebra waren al bijna niet meer te zien.

'Mist legt een deken over de stad,' zei Benjamin toen ze voor The Red Lion stonden. 'Alle geluiden worden gedempt en het zicht vervaagd.'

Ze gaf hem een duwtje tegen zijn schouder. 'Oude romanticus.'

'That's me.' Hij hield de deur voor haar open. 'Call me Lord Byron.'

Ze liepen een muur van warmte, damp en zweet in. De ramen waren beslagen, de kroeg was stampvol. Mensen stonden opeengepakt in elkaars oren te schreeuwen. Ze hield van dit soort plekken. Al was je anoniem, je was toch onderdeel van een geheel. Samen waren ze vanavond de familie van The Red Lion.

'Daar.' Benjamin pakte haar jas aan, wees naar een lege kruk aan de bar en leidde haar erheen. 'Ga jij maar zitten.'

'Ik kan ook staan hoor.'

'Geen denken aan. Dan zou Louise pas echt boos op me worden.'

Benjamin bestelde twee Camden Pale Ales.

'Je weet het nog,' zei ze meteen.

'Wat?'

'Wat ik lekker vind.' Zodra ze het zei, hoorde ze zelf de dubbele betekenis. 'Ik bedoel, welk bier ik wil.'

Rond Benjamins ogen verschenen direct lachrimpels. 'Jouw wensen staan in mijn geheugen gegrift.'

Kate zag ineens het beeld voor zich van zijn naakte lichaam boven op dat van haar. Ze voelde zijn warme vingers op haar blote huid.

'Heb je nog iets van Lynn gehoord?' vroeg ze snel.

Zijn glimlach verdween meteen en hij pakte zijn telefoon uit zijn binnenzak. 'Niets. Ik denk dat ze naar haar moeder in Liverpool is gereden.'

'Heb je haar wel een appje gestuurd?'

Benjamin knikte. 'Ik heb natuurlijk sorry gezegd, maar toch, die jaloezie... ik word er gek van.'

Twee biertjes werden vlak voor hen op de bar neergezet. Tegelijkertijd pakten ze ze op en klonken met hun glazen.

'Op honderd procent herstel van onze zoon,' zei Benjamin en hij wilde een slok nemen toen zijn telefoon bijna de bar af trilde. 'Het is Jamie.'

'Neem snel op.'

'Jamie, hoe is het?' Benjamin hield de telefoon dicht tegen zijn oor, en een hand op zijn andere oor om hem beter te kunnen verstaan. 'Vertel.'

Kate kon niet horen wat Jamie zei, maar ze zag Benjamin knikken.

'En dit heb je de rechercheurs ook allemaal uitgelegd?' vroeg hij.

Kate nam een paar grote slokken. 'Vraag of hij al is vrijgelaten.'

Benjamin knikte maar bleef alleen luisteren. 'Oké, nou

veel dank Jamie. Ik kan je bijna niet verstaan, het is hier heel druk. Maar ik bel je morgen nog. Ja, met Alistair gaat het veel beter. Dank jongen.'

'En?' vroeg ze meteen toen Benjamin ophing.

Hij nam een slok en veegde met zijn hand het schuim van zijn mond. 'Hij zei dat Alistair inderdaad regelmatig allerlei drugs gebruikte. Vooral met een specifieke dealer had hij veel contact.'

'Wie was dat?'

'Jamie zei dat hij hem nooit had ontmoet, maar wel dat die gast Alistair zelfs in Barnham had opgehaald. Voor dat feest.'

'Echt? Geloof je dat?'

Benjamin knikte. 'Die Jamie klinkt eigenlijk heel aardig, hij is echt bezorgd over Alistair. Hij zegt zelf niets te gebruiken, maar dat hij onze zoon wel goed in de gaten hield. Op dat feest was Alistair ineens heel dronken en verward geraakt.'

'Dus toch gedrogeerd.'

'Daar is Jamie van overtuigd.' Benjamin dronk zijn glas leeg. 'Gelukkig is dat arme joch gewoon weer thuis. Wil je er nog een?'

Kate keek naar haar halfvolle glas, maar knikte toch. 'Verdomme Ben, wie zit hier toch achter? Ik zat nog te denken, zal ik die David eens bellen? Je weet wel, die privédetective met wie ik vroeger af en toe werkte.'

Nog voordat Benjamin kon antwoorden, ging de muziek ineens harder aan. 'We Are The Champions' galmde door de pub. Ze zag een groep Chelsea-supporters in de hoek staan, zwaaiend met hun blauwe sjaals. Praten was nu onmogelijk, maar Benjamin gebaarde overduidelijk dat die David niet een optie was.

Kate wilde nog uitleggen dat ze toch alles moesten proberen, maar ze kon niet boven de herrie uitkomen. Zwijgend dronken ze verder. Benjamin checkte zijn telefoon en liet een bericht van Peter lezen, dat hij nu met zijn blessure thuiszat maar toch had gehoord dat Tom mogelijk Alistairs dealer in beeld had. Hij kon de naam niet appen. Maar het was een miezerig, klein ventje. Hij zou morgen opnieuw contact opnemen.

'Dat is mooi nieuws.' Benjamin hief zijn tweede glas omhoog en net toen Kate zelf ook wilde toosten, voelde ze haar eigen telefoon trillen.

Een bericht van een onbekend nummer. Normaal had ze die meteen weggeklikt, maar nu opende ze hem wel.

Hi Kate, hier Erik Larson. Ik hoop niet dat je het erg vindt, maar ik heb je nummer van mijn uitgeverij gekregen. Zonder aanmatigend te willen klinken, wilde ik je nogmaals adviseren om weer te gaan schrijven. Een boek over wat je nu allemaal overkomt, zou een mooie start zijn. Mijn uitgeverij heeft interesse. Een roman of non-fictie, ik denk dat je het allebei kunt. Als je hulp of tips nodig hebt, laat het maar weten. All you have to do is write one true sentence.

'Hemingway,' fluisterde ze.

‘Van wie is dat?’ schreeuwde Benjamin in haar oor.

Ze liet het bericht lezen en net toen ze wilde gebaren dat ze vereerd was, viel de muziek stil.

‘Is dit dé Erik Larson?’ vroeg Benjamin weer op normale toon, maar hij zat nog wel net zo dicht bij haar. ‘Van *In the Garden of Beasts*?’

Kate knikte en legde uit dat ze hem op een feest had ontmoet. ‘Het was een heel leuk gesprek. Echt een bijzondere man.’

‘Hij heeft helemaal gelijk.’ Benjamin legde zijn hand op haar arm. ‘Je bent een fantastische schrijver. Die echt weer aan de slag moet.’

‘Dit verbaast me.’

‘Wat?’

Ze speelde met een bierviltje. ‘Dat jij mijn schrijven zo steunt. Bij de krant was dat niet zo.’

‘Dat is onzin.’ Benjamin trok zijn hand terug. ‘Toen speelde er iets anders.’

‘Is dat zo?’

Benjamin klakte met zijn tong. ‘Dat weet jij ook.’

‘Dus dat vreemdgaan kwam niet door mijn Brexit-rapportages?’ vroeg Kate. Ze wist dat ze zich nu op glad ijs begaf, maar dit gesprek moest een keer gevoerd worden. ‘Was het niet zo dat je baalde dat ik wekenlang vierentwintig uur per dag werkte? Dat jij je als een verwend kind zielig en alleen voelde?

‘*Rubbish*.’ Benjamin sloeg met zijn hand op de bar. Water spatte op. ‘Ik was inderdaad alleen. Maar niet door je werk. Ik had je juist nodig, weet je nog?'

'Ik wilde wel praten.' Kate voelde haar ogen prikken. 'Echt. Ik miste Camilla net zo erg. Ik wilde het met je delen, maar je sloot je af.'

Benjamin keek weg en richtte zijn blik op de Chelsea-fans. 'Ik kon de woorden niet vinden.'

Kate dacht weer aan die warme zomerochtend, toen de eerste foto's van een dodelijk fietsongeluk op Picadilly Circus binnenkwamen op de redactie. Het duurde niet lang voordat ze Camilla's roze fietshelm herkende.

'Die zijn er ook niet.' Kate streelde zijn arm. 'Hoe kon je het verlies van je zus ooit verwoorden? Jullie deden alles samen. Natuurlijk begreep ik dat.'

Nu zag ze een traan over zijn wang glijden en ze trok Benjamin dicht tegen zich aan. Ze streelde zijn krullen, wreef over zijn rug en kuste zijn nek.

'Het is vreselijk,' fluisterde ze. 'Nog steeds.'

Hoelang ze zo dicht bij elkaar hadden gezeten, wist ze later niet meer, maar ineens tikte de barman op hun schouders.

'*Book a room or order a beer.*'

Benjamin liet haar meteen los, keek haar niet aan en deed een nieuwe bestelling. 'Twee whisky, met wat friet. Ik moet wat eten.'

'En ik moet naar de wc.'

Kate liet zich meteen van haar kruk af glijden en zonder om te kijken wurmde ze zich een weg door de massa heen. Wat had ze gedaan? Hoezo was ze hem gaan zoenen?

Gelukkig stond er geen rij en kon ze direct haar polsen onder de kraan houden. Ze had een excuus gezocht om op adem te komen, maar het stromende water werkte nu niet meer kalmerend. Haar wangen voelden nog steeds heel warm, koortsig bijna. Haar hoofd was draaierig. Ze moest nu naar huis, voordat het echt helemaal mis zou gaan.

Snel liep ze terug naar de bar en zonder Benjamin aan te kijken legde ze haar creditcard voor hem neer. 'Ik wil afrekenen.'

'Nu meteen? No way.' Hij pakte haar middel en zette haar weer terug op de kruk. 'Jij blijft nog even hier.'

'We zijn uitgepraat.'

Benjamin schoof een glas whisky naar haar toe. 'Dat zijn we nooit. En dat weet je ook. Op onze vriendschap.'

'Noemen we het nu vriendschap?' Kate dronk haar glas in een keer leeg. De alcohol brandde een weg naar binnen en ze keek hem weer aan. Die ogen. Die lach. 'Dan heb ik weinig vrienden.'

'Ik heb er maar een.'

Hij boog zich naar haar toe, pakte haar kin en zoende haar recht op haar mond. Zijn warme lippen, zijn zoekende tong. Nee, dit kon niet. Ze duwde hem zachtjes van zich af. 'Ben, ik ben al duizelig. Ik moet echt gaan.'

'Eerst nog wat eten.' Hij stak een frietje in haar mond. 'En wat praten.'

'We gaan hier echt spijt van krijgen.'

Benjamin schudde zijn hoofd. 'Het enige waar ik ooit spijt van heb...'

Haar telefoon trilde luid. 'Het is Tracy!'

'Neem op!'

'Schat, hoe is het? Waar ben je?' Kate maakte een kommetje van haar mond over haar telefoon heen. 'Kan je me verstaan?'

Kate hoorde de stem van haar vriendin wel, maar begreep totaal niet wat ze zei.

'Hierbinnen is veel te veel lawaai.' Kate gebaarde naar Benjamin dat ze naar buiten zou gaan en draaide zich om. 'Even wachten, Trace.'

Kate wrong zich langs zwetende lichamen en werd als een balletje heen en weer geduwd. Haar hoofd bonkte, met moeite kon ze rechtop blijven staan. Buiten stond een groepje luidruchtige fans te roken en ze sloeg de hoek om, een klein steegje in. De mist was nu zo dik dat ze maar twee meter vooruit kon zien.

'Hoor je me nu?' vroeg Kate terwijl ze haar oortjes indeed.

'Heel duidelijk, meissie. O wat is het fijn om je stem weer te horen.'

Kate depte haar nek. Ondanks de kou zweette ze zelfs zonder haar jas aan. 'Waar ben je?'

'Mumbai, ik hield het in die ashram echt niet langer uit.'

'Geen grote verrassing hè,' zei Kate en ze probeerde te lachen, maar haar kaken verstrakten. 'Hoe is Mumbai?'

'Fantastisch, maar jeetje schat, wat zit je in de ellende. Ik zou willen dat ik bij je was.'

'Ja het is bizar, het voelt als een soap.' De duizeligheid

werd erger. Kate zocht steun bij de muur. 'Maar Alistair knapt gelukkig op.'

'Dat zei Louise al. Dat is echt heel goed nieuws.'

Kate boog zich voorover. Net op tijd kon ze een golf van misselijkheid onderdrukken. 'Belde zij jou?'

'Louise had mijn nummer aan je vader gevraagd,' legde Tracy uit. 'Ze dacht dat je wel wat steun kon gebruiken.'

'Ja…ik…' Kate beet op haar lip. 'Sorry… ik…'

'Kate, gaat het wel?'

'Nee, ik…' Ze liet haar hoofd tegen de muur rusten. 'Duizelig… en…'

'Waar ben je?'

'Een pub… met Ben.'

'Heb je te veel gedronken?'

'Vooral misselijk.' Kate hing voorover. 'Mijn hoofd… ik…'

'Kate, ga naar binnen. Nu!'

'Ja… maar…' Met haar handen glijdend langs de muur probeerde Kate terug te lopen, maar haar knieën knikten. 'Ik ben zo moe.'

Haar hoofd leek rondjes te draaien en ze staarde in de mist. Zoek een punt om te focussen, sprak ze zichzelf toe. Kom op, nog een paar meter.

'Kate!' hoorde ze Tracy roepen.

'Ik…' Kates hand gleed van de muur en ze struikelde voorover. Net op tijd stak ze haar handen uit maar haar telefoon viel met een klap op de straat. In haar oortjes hoorde ze nog Tracy's stem. 'Gaat het, schat?'

Op haar knieën tastte Kate naar haar telefoon. Hij moest hier ergens liggen.

'Kate!' galmde het ineens door de steeg. 'Katie toch. Gaat het?'

Ze keek op. Een zwarte schim stond plotseling recht voor haar. Twee stevige handen pakten haar op.

'Kate, in godsnaam, wat doe je hier?'

Ineens herkende ze zijn stem. 'O Bertie... gelukkig.'

35

Ze voelde een hand op haar voorhoofd. 'Kate?'

'Bertie.'

Kate hield haar ogen nog gesloten. Hopend dat het beurse gevoel in haar hoofd zou wegtrekken. 'Hoelang lig ik hier al?'

'Twee uurtjes max.'

'Heb jij me meegenomen?'

'Yep. Alfie heeft ons hierheen gebracht.' Ze hoorde dat Bertie wegliep en in een pannetje begon te roeren. 'Wil je *hot chocolate*? Of kan je maag dat nog niet aan?'

Ze schudde haar hoofd. 'Heb ik overgegeven?'

'Vlak voor mijn voeten. Hoe kwam het dat je zo dronken was?'

Ze wreef met haar handen over haar gezicht, alsof ze zo de herinneringen van de avond kon wegvegen. 'Geen idee. Heb je Benjamin nog gezien? Weet hij dat ik hier ben?'

'Tuurlijk. Hij was maar wat blij dat ik je meenam. Volgens mij schaamde hij zich voor je. Wat heb je toch ooit in die lul gezien?'

Nee, dat kan niet kloppen, wilde ze zeggen, het ging juist weer zo goed. Maar misschien had Bertie wel gelijk, had Benjamin het echt met haar gehad. Nu ze weer zo dronken was geworden.

Langzaam opende ze haar ogen en ze moest wennen aan de duisternis. Alleen boven Berties hoofd brandde een lampje, voor de rest was de kleine kamer donker. 'Hè? Deze ruimte ken ik helemaal niet. Zijn we bij Alfie?'

'Nee, in mijn atelier. Dat was dichterbij.'

'Atelier?' Kate keek rond. Het leek een basement. Ze zag geen ramen. Alleen een oude eettafel met vier stoelen en een leren bank, waar ze zelf op lag. Een straalkacheltje gaf de ruimte een rode gloed. 'Ik wist niet dat je dit had.'

Bertie stond in een dik roze vest achter een kitchenette, met een tweepitsfornuis en een elektrisch oventje. 'Ik kom hier af en toe. Als ik alleen wil zijn.'

'Ik wist niet dat jij daar ook weleens behoefte aan had.'

Hij schonk de opgewarmde melk in twee mokken. 'Je weet wel meer niet van mij.'

'Ongetwijfeld.' Kate probeerde rechterop te gaan zitten, maar het leek wel alsof haar benen onder de deken aan de bank vastzaten, zo zwaar voelden ze. Drank verstijfde haar spieren wel vaker. 'Heb je toevallig ook mijn telefoon gevonden? Die had ik op straat laten vallen.'

'Echt?' Bertie kwam met de mokken op haar af. 'Niets gezien, sorry.'

'Damn it. Dan moet ik zo The Red Lion bellen. Ik heb dat ding echt nodig.'

'Snap ik.' Bertie zette een mok op een tafeltje naast haar. 'Drink dit toch eerst maar even.'

'Nee, echt, ik moet er niet aan denken. Sorry.' Ze schoof de mok weer weg en liet een vinger over de tafel glijden, een spoor in het stof achterlatend. Alles in de ruimte leek onder een dikke laag stof te zitten, alsof hier al maanden niemand was geweest. 'Hoe vaak kom je hier? Welke straat is het eigenlijk?'

'Dunelm Street,' zei Bertie met een vlakke stem. Ze zag nu pas hoe moe hij eruitzag. Zijn olijfkleurige huid had een grijze zweem, zijn wallen waren bijna paars.

'Is dat Islington? Hoe laat is het überhaupt? Ik wil je niet wakker houden.'

'Nee, het is Tower Hamlets.'

'Waar je bent opgegroeid?'

Hij knikte en draaide een rondje op zijn hakken. 'Precies hier.'

'Hier?'

'Dit was onze leefruimte.' Bertie pakte een eetkamerstoel en ging naast haar zitten. 'De slaapkamer zat hierachter. Maar dat is nu een opslaghok geworden.'

Kate keek nog eens rond. Op de vloer lagen grijze tapijttegels, waarvan de meeste verkleurd waren en de randen opkrulden. Een oude tv stond op een tafeltje met een kleedje in de hoek. Aan de wand hingen twee posters. Van de Taj Mahal en een van een dieprood gebouw. 'Is dat de

Badshahimoskee in Lahore?' vroeg ze.

'Klopt, die bezocht mijn moeder als kind vaak.' Bertie sloeg het wollen vest strakker om zich heen. Ze zag dat de randen rafelden. 'Ben jij daar ook geweest?'

Kate knikte maar het voelde ineens ongepast om te vertellen dat ze jaren geleden een maand lang met haar ouders door Pakistan had rondgereisd. 'Jij?'

'Nooit.' Bertie vermeed haar blik en keek naar zijn voeten. 'Mijn moeder ook nooit meer.'

Hij wreef zijn sokken over elkaar en rilde.

'Heb je het koud?' Kate legde een hand op zijn knie. Ze voelde door zijn dunne broek heen hoe koud zijn benen waren. 'Waarom doe je niet je schoenen aan? Dan gaan we gewoon naar mijn huis. Dat is toch niet zo ver van hier?'

Bertie schudde zijn hoofd. Zijn ogen leken kleiner, donkerder ook. 'We kunnen nu niet weg.'

'Omdat het midden in de nacht is? We kunnen toch gewoon een Uber bestellen?'

'Die komen hier niet.'

'Wat een onzin.' Kate probeerde weer rechterop te gaan zitten, maar ze kreeg haar benen niet in beweging. 'Hoe kan dit? Volgens mij zit ik klem.'

'Uber-chauffeurs durven na zonsondergang deze buurt niet meer in te rijden,' ging Bertie met dezelfde vlakke stem verder. 'De criminaliteitscijfers zijn hier de hoogste van heel Londen, en...'

'Hé Bertie?' Kate trok aan zijn arm. 'Kijk even, echt heel raar, maar mijn benen lijken vast te zitten.'

'Drugsdeals, shootings, steekpartijen, en continu gewapende overvallen. Het is hier...'

'Bertie!' Kate trok de deken van zich af. 'Wat is dit?'

Haar benen waren met ducttape aan de poten van de bank vastgebonden. Ze probeerde zich los te trappelen. 'Haha, leuke grap, maak even los.'

Bertie stond op, liep naar de kitchenette en pakte een schaar. 'De wijk was ook al zo gevaarlijk toen wij er nog woonden. We hadden tralies voor het slaapkamerraam, er werd zo vaak ingebroken. Het voelde als onze eigen gevangenis.'

'Dat klinkt inderdaad heel naar. Maar please, knip me nou los.' Ze probeerde Berties blik te vangen, maar hij keek steeds weg. 'Waarom heb je me eigenlijk vastgebonden? Was je bang dat ik van de bank af zou vallen?'

Bertie knikte alleen, maar liep niet naar haar terug. Hij trok een la open, pakte er een rol ducttape uit en knipte een stuk af. 'Mijn moeder had het hier altijd zo koud. De huisbaas vertikte het centrale verwarming aan te leggen.'

'Bertie!' Kate probeerde haar voeten los te wringen. 'Maak nou los.'

'Dit vest was van haar. Ze sliep er zelfs in.'

'Hou op over dat fucking vest,' riep ze nu. 'Dit is echt niet grappig meer.'

'In de winter krabden we de ijsbloemen van het raam.'

'Maak me los!'

Ineens zag Kate ze liggen, in de open la... een stapel roze enveloppen. 'Goddamnit.'

'Wat?'

'Jíj bent het gewoon.'

Hij glimlachte. 'Hè hè, ben je er eindelijk achter?'

'Jij klootzak, jij...' Ze spuugde bijna. 'Jij hebt alles, jij...'

'Dat duurde lang.'

Nu keek Bertie haar recht aan. Zijn blik leek ineens bevroren. Geen lachrimpel, geen twinkeling. 'Gillen heeft trouwens geen enkele zin. Niemand hoort je hier.'

'Help!' schreeuwde ze toch zo hard ze kon. Haar hart sloeg over. 'Anyone? Help me.'

Met een grote stap stond hij recht naast haar.

'Bastard.' Ze klauwde naar hem, probeerde hem te krabben. Beet in zijn vinger. Maar hij pakte razendsnel haar armen en met een krachtige beweging hield hij ze beide hoog op haar rug.

'Au, jezus Bertie.' Ze probeerde zich los te wurmen. 'Dit doet echt pijn.'

Hij kneep nog harder. Met één hand draaide hij een stuk tape strak rond haar polsen. 'Doe dan ook wat rustiger, dan doet het geen pijn.'

Kate hijgde. 'Waar slaat dit op?'

'Dat je dit vraagt is zo typisch.' Bertie knipte een nieuw stuk tape af. 'Je hebt geen idee hè.'

'Van wat?' riep ze. 'Wat wil je?'

Ineens boog hij zich naar haar toe. Ze draaide direct haar hoofd weg, maar met een snelle manoeuvre plakte hij tape over haar mond.

'Niemand kan je hier horen, maar ik wel. En ik heb geen

zin meer in je mooie praatjes. Je kakaccent. Je dure woorden. Nu luister je naar mij.'

Kate probeerde te gillen, maar haar stem leek definitief gesmoord.

Bertie zat al zeker vijf minuten zwijgend tegenover haar, nippend aan zijn warme chocolademelk. Hij staarde haar recht aan, zonder enige emotie. En het enige wat door haar hoofd schoot was: waarom had ze het niet gezien? Waarom had ze niet gemerkt dat het al die tijd Bertie was geweest? Dat haar eigen collega, de man die ze alles had toevertrouwd, haar stalker was.

Waarom in vredesnaam? Waarom heb je het gedaan? wilde Kate vragen, maar meer dan wat gemompel lukte niet. Ze haalde haar schouders op, trok haar wenkbrauwen vragend omhoog en bonkte met haar hoofd op de leuning van de bank. Maar Bertie bleef stilzitten en roerde alleen af en toe in zijn mok.

Die arrogante kop. Kate wilde hem in zijn gezicht slaan, keihard in zijn buik stompen of met een harde trap zijn been breken. Ze probeerde zich voorover te werpen, van de bank af, maar kwam maar tot halverwege de grond. De tape sneed in haar benen, brandde in haar polsen en ze voelde de misselijkheid weer opkomen.

Kate liet zich opnieuw in de kussens vallen. Op deze manier kwam ze hier niet weg, concludeerde ze snel. Bertie was veel groter, sterker en had haar met een paar simpele handelingen helemaal klemgezet. En al zou ze zichzelf ineens wel op een ingenieuze manier kunnen bevrijden, dan was de ruimte nog volledig afgesloten. Aan de deur hingen twee hangsloten en er was echt geen raam te vinden.

Haar enige resterende optie was hem aan de praat krijgen. Precies zoals doctor Heller, een hoogleraar gespecialiseerd in psychoses, haar eens in een interview had uitgelegd. Proberen met hem mee te praten, subtiel contact te leggen. Kijken of ze door die ijskoude schil heen kon breken.

Kate ademde diep door haar neus in en probeerde te ontspannen. Zo vriendelijk mogelijk keek ze Bertie aan en knikte hem langzaam toe.

'Hè hè, geef je het eindelijk op?' vroeg hij.

Ze probeerde zo breed mogelijk achter de tape te glimlachen. Misschien zag hij haar lachrimpels.

'Dat werd tijd.'

Ze knikte opnieuw een paar keer. Haar kalme, welwillende houding leek te werken.

'Zal ik dan maar eens vertellen waarom je hier zit?'

Bertie stond op, liep naar het televisietafeltje en van onder het kleed trok hij een whiskyfles tevoorschijn. Hij nam een laatste slok uit zijn mok en schonk hem toen vol met drank.

Het viel haar ineens op dat ze niets meer in hem herkende. Zijn mimiek was stijver, zijn stem afgemeten, zijn blik donkerder en ze had hem nog nooit zoveel alcohol zien inschenken. Zou hij dan toch ook zenuwachtig zijn?

Bertie draaide de keukenstoel een kwartslag, ging zitten

en hing achteloos over de leuning. Precies zoals vroeger haar wiskundelaar dat deed, die dan ook dacht dat hij cool was. Ze klemde haar kiezen op elkaar om niet te lachen.

'Dit was mijn stoel.' Bertie wees naar zijn ingekerfde initialen. 'Mijn moeder zat daar. Ze was hier gekomen voor een beter leven. Ze werkte tien uur per dag in een supermarktje, hier om de hoek. Die zit er nog steeds. Nu gerund door Bengali's, de nieuwe laagste rang immigranten.'

Hij nam een paar grote slokken. 'Ze stierf aan een longontsteking, in een oud, tochtig ziekenhuis. De dokter was te laat.'

Kate knikte nu langzaam. Uit respect voor zijn moeder, maar Bertie zette zijn mok hard op tafel. 'Alsof jou dat iets kan schelen!'

Kate schudde haar hoofd. Natuurlijk wel, wilde ze zeggen. Maar Bertie stond op, ijsbeerde snel door de kleine ruimte.

'Jij bent zo bevoorrecht. En je hebt het zelf niet eens door.' Zijn stem schoot omhoog. 'Jij kan wel altijd een dokter bellen, die komt dan ook meteen opdraven. Jouw moeder ging niet dood aan een verwaarloosde longontsteking. Zij kreeg wel de beste behandeling.'

Bertie stampte op de vloer. 'En dan die officier die gewoon bij je thuis komt, een butler die je rondrijdt, pachters die huur betalen, een ober die je snel helpt. Alles is zo vanzelfsprekend voor je!'

'Nee, echt niet,' mompelde ze onverstaanbaar.

'En wij?' Hij sloeg zichzelf hard op de borst. 'Wij werken

keihard en leven nog steeds in de marges. Niemand, echt NIEMAND ziet ons staan.'

Plotseling pakte hij een stoel op en gooide hem tegen de muur kapot. 'Onzichtbaar zijn we.'

Voor het eerst voelde ze haar longen krimpen. Ze was nog niet bang geweest, maar Bertie leek nu serieus door te slaan. Het zweet stond in haar handen.

'Zelfs met geld.' Hij greep in zijn achterzak en strooide biljetten door de kamer. 'Zelfs dan, echt waar, zelfs dan, ben je in dit kloteland helemaal niets waard.'

Kate kreeg geen lucht meer. Haar ademhaling versnelde.

'Waardeloos blijven we.' Hij schopte tegen de tafel. 'Maar jullie? *So priviliged*... jullie krijgen alles voor elkaar.'

Kate brieste door haar neus. Bonkte met haar hoofd. Schudde met haar lichaam.

Plotseling keek hij haar weer aan. Even herkende ze zijn blik. Een glimp van empathie.

'Heb je het benauwd?' Hij liep op haar af. 'Je astma?'

Ze knikte.

'Waar is je puf?'

Kate draaide met haar ogen, proestte in de tape.

Met een ruk trok hij de tape eraf. Ze snakte naar lucht.

'In mijn broekzak,' hijgde ze.

Hij rommelde in haar zak, trok hem eruit en pufte in haar mond. Drie keer. Ze zoog de zuurstof naar binnen.

'Dank je,' zei ze.

'Je moet nog even blijven leven.' Zijn blik werd weer blanco, zijn stem koud. 'We gaan een livestream maken.

Het hoogtepunt van @kateseesyou. Jouw dood in real-time.’

36

Bertie plaatste een statief voor de bank en zette een schemerlamp ernaast. 'Dit is de beste hoek, denk ik.'

'Hoe wil je het gaan doen?' vroeg Kate opnieuw. Hij leek haar niet te horen en leek zelfs vergeten dat haar mond nu niet was afgeplakt. Ze had al een paar keer geprobeerd een gesprek te beginnen. Ze had vragen gesteld over hoe hij het stalken had aangepakt, waarom hij het had gedaan, wat hij ermee wilde bereiken. Maar Bertie had niet één keer gereageerd. Hij praatte wel veel. Maar niet tegen haar.

Hij sprak over de leegte in zijn jeugd, de deur die door de elite steeds recht in zijn gezicht werd dichtgegooid en de kansen die hij niet had gekregen. Soms was het heel onsamenhangend, dan leek het alsof hij weer een kind was dat tegen zijn moeder sprak. Haar uitleggend dat hij zijn best zou blijven doen, om alles beter te maken.

Het enige wat haar duidelijk was geworden was dat Alfie hem had geholpen met de drugs. Die had als hoofddealer veel geld verdiend op feestjes van celebrity's. Daar hadden ze elkaar ook ontmoet. Toen ze had gevraagd of hij misschien ook Alistairs dealer was geweest, had Bertie alleen maar gelachen.

Kate wist niet precies hoe laat het was, maar tellend vanaf het laatste moment in de pub, de twee uur dat ze had geslapen en wat extra tijd hier in het souterrain was ze uitgekomen op ongeveer een uur 's nachts. Misschien dat Benjamin haar vanavond toch nog had geprobeerd te bellen, toen merkte dat haar telefoon uitstond en daarna wellicht Bertie een berichtje had gestuurd. Maar dan nog, Bertie zou zeker niet reageren en Ben kon onmogelijk weten waar ze nu was.

Haar enige hoop was gek genoeg Alfie. Als hij inderdaad Alistairs dealer was geweest, die Peter had omschreven als een miezerig, klein ventje, dan was hij nu misschien opgepakt. Volgens Peter was Tom hem op het spoor gekomen. Misschien hadden ze hem dan ook hierheen gevolgd?

Maar als ze echt eerlijk was tegen zichzelf, dan was die kans toch ook weer niet heel groot. Anders hadden ze hier vast allang een inval gedaan.

'Zo, en dan haal ik nu die posters weg.' Bertie rukte ze een voor een van de muur. 'Die kunnen met het vuilnis mee.'

'Ik denk inderdaad dat een kale wand beter overkomt,' voegde ze toe, zonder een reactie te verwachten.

Vervolgens pakte Bertie van onder het aanrecht een potje verf, wipte het deksel eraf, liep ermee naar de muur en doopte er een kwast in. Met grote zwarte letters schreef hij

'*Death to the Elite*' en '*The Upper Class is dead*' recht achter haar op de muur.

'Pakkend,' zei ze. 'Dat begrijpt iedereen meteen.'

Het viel haar op dat ze na de astma-aanval eigenlijk geen angst meer had gevoeld. Dat kwam waarschijnlijk doordat ze had bedacht dat als Bertie inderdaad een livestream zou willen uitzenden, hij zou wachten tot zeven uur. Dat was primetijd op de socials. Mensen stonden dan net op, checkten vaak meteen hun telefoon. Om zijn statement te maken zou Bertie zeker full exposure willen hebben. Dus had ze nog zes uur om een uitweg te bedenken. Als ze tenminste wakker kon blijven, ze was zo moe.

Bertie ging tevreden zitten en schonk zijn mok weer vol met whisky. Dit was al de derde keer, maar de alcohol leek helemaal geen invloed op hem te hebben. Misschien hield de coke hem wel op de been. Hij had al een paar lijntjes gesnoven.

'Hoe wil je me eigenlijk gaan vermoorden?' vroeg ze meer om wakker te blijven dan dat ze een antwoord verwachtte.

Plotseling schoot Bertie in de lach. 'Dat klinkt wel heel bizar als je dat zo zegt.'

Die stem. Hij klonk weer normaal.

'Ik ben gewoon benieuwd.' Kate schoof omhoog. Ze had duidelijk de juiste toon gevonden en moest hem nu aan de praat houden. 'Niet veel mensen krijgen zo'n aankondiging van hun dood.'

'Dat is waar. Eigenlijk dus heel sympathiek van mij.' Hij

glimlachte weer. 'En je hebt wel gelijk, je verdient te weten hoe je sterft.'

Bertie pakte een spiegeltje van tafel en snoof weer een lijntje. 'Wil jij?'

'Ik ben meer van de alcohol, zoals je weet.'

Bertie grinnikte. 'Dat is waar en wat kan je er toch slecht tegen.'

'Maar vertel eerst even hoe dat stalken eigenlijk is begonnen.'

Bertie sloeg zijn benen over elkaar en heel achteloos, alsof hij over aanbiedingen in de supermarkt praatte, vertelde hij dat Alistair hem op het idee had gebracht. 'Oorspronkelijk wilde ik je straffen door Alistair zo verslaafd te maken dat hij eraan onderdoor zou gaan. En jij dus ook. Maar toen ik zag wat zijn posts aan nieuwe volgers en geld opleverden, heb ik hem direct gekopieerd. En lekker ingespeeld op de hype van needlespiking.'

'Heb je die vier vips zelf met een injectie een overdosis gegeven?' vroeg ze zo luchtig mogelijk.

'Nee joh.' Bertie schudde zijn hoofd. 'Dat is veel te ingewikkeld. Sommige heb ik wel geprikt, om wat verwarring te zaaien. Maar ik heb niets ingespoten. Gewoon wat roofies in een drankje is voldoende. Noelle was toeval. Die was zelf al te ver gegaan. Maar haar foto ging door het dak. Die combi van jou stalken met @Takingapiss16 en die vips drogeren werkte uiteindelijk uitstekend. Ik heb in een week tijd belachelijk veel geld verdiend. Bijna beschamend.'

'Dat geld heb je natuurlijk al goed weggesluisd.'

'Ik wist wel dat je dat kon waarderen.' Bertie sloeg zichzelf op zijn been. 'Je lijkt wel braaf, maar je bent zo uitgekookt. En je houdt ook zo van de centjes hè?'

'Tuurlijk. Maar daarom viel het die surveillanceauto natuurlijk ook niet op. Het was heel normaal dat jij bij mij thuis kwam. Je kon ongezien die brieven droppen,' dacht ze hardop. 'En die keren dat ik zo dronken werd, was jij dat ook?'

Nu keek Bertie haar ineens verbaasd aan. 'Dat je dat niet doorhad. In The Red Lion was het wat ingewikkelder. Ik moest wachten totdat je ging plassen. Benjamin keek even op zijn telefoon en het was al gebeurd.'

'Was jij daar ook?'

'Op nog geen twee meter afstand. Jullie waren zo druk met elkaar...'

'Maar Ben heeft ons wel samen zien vertrekken?'

Nu schoot Bertie weer in de lach. 'Geloofde je dat? Jezus, wat ben jij toch naïef. Natuurlijk zou hij je niet laten gaan. Die lul is nog steeds verliefd op je. Ik ben snel in mijn auto vertrokken. De mist hielp.'

'Dus Alfie heeft ons ook niet hierheen gebracht?' Nu voelde ze de benauwdheid weer terugkomen. Alfies arrestatie was haar enige kans geweest. Hoe klein ook.

'Ben je gek?' Bertie nam weer een lijntje en veegde het restje over zijn tanden. 'Alfie heeft alleen onbewust geholpen. Die is helemaal niet op de hoogte van het grote plan.'

'En dat is?' Ze voelde haar longen weer samentrekken.

Kalm blijven, probeer normaal te doen, sprak ze zichzelf toe en ademde heel diep in.

'Jou inspuiten natuurlijk. En dat zometeen uitzenden. Na tien minuten, kwartiertje hooguit, raak je al in coma. Ik spuit dan nog wat bij, en hup, je sterft op beeld. Ik denk dat ik misschien wel een miljoen views haal.'

Het leek alsof een olifant op haar borst stond, maar ze probeerde rustig door te ademen. 'Maar begrijpen ze dan je statement? Dat je aandacht wil voor de oneerlijke klassenmaatschappij?'

'My god.' Bertie stond plotseling weer op en gooide zijn stoel naar achter. 'Denk je nu toch weer slimmer te zijn? Zo typisch. Natuurlijk heb ik daar ook aan gedacht. Jij gaat het ze zelf vertellen.'

'Goed idee.' Haar ademhaling zat hoog in haar borst, maar ze wist nog net de controle te behouden. 'Hoe dan?'

'We nemen zo een kort filmpje op,' zei hij weer met die vlakke stem. 'Jij zegt dat je als lady te bevoorrecht bent. Maar dat je je alleen kan ontdoen van die rechten door zelf te sterven. En dan neem je natuurlijk huilend afscheid van Alistair en je vader of zo. Dat zenden we dan vlak voor de livestream uit.'

Kate hapte nu toch naar zuurstof. Dit werd te realistisch. Haar zoon zou dit te zien krijgen. En haar vader. Misschien Benjamin wel. Hoe moest Alistair dit ooit gaan verwerken? Hij zou voor het leven getekend zijn. Zij had een mooi leven gehad, maar hij, hij begon net. Ze moest hier weg zien te komen.

‘Hoe laat begin je?’ vroeg ze hees.

Bertie keek op zijn telefoon. ‘Over een half uur ofzo.’

‘Wil je het niet primetime doen?’

‘Jezus, natuurlijk wel.’ Hij liep naar het keukentje. ‘Dan is het net zeven uur.’

Hij had dus ook over de tijd gelogen. Dan had ze nog maar heel weinig tijd. Ze nam korte hapjes lucht. ‘Bertie, mag ik mijn inhalator?’

Hij trok het ijskastje open. ‘Deze is natuurlijk leeg.’

‘Bertie, ik ben benauwd.’

Maar hij reageerde niet, ontweek weer haar blik en gooide de ijskast met een klap dicht. ‘Verdomme, ik heb zo’n honger.’

‘Diep ademhalen,’ mompelde ze tegen zichzelf. Ze moest het zonder inhalator zien te redden en proberen tijd te rekken. ‘Ik heb ook honger zeg.’

Bertie trok een ander kastje open. ‘Helemaal niets. Niet eens een zak chips.’

‘Zullen we iets bestellen?’ bedacht ze ineens.

Met een ruk draaide hij zich om en keek haar weer recht aan. ‘Je laatste avondmaal?’

‘Ik heb wel zin in pizza,’ zei ze snel.

‘Natuurlijk, milady, komt eraan, milady.’ Hij lachte hard, maar niet vrolijk. ‘Wat denk je nou zelf?’

Ze lachte mee. ‘Zo’n crispy korst. Van die hele dunne, van Pizza Union. Die pepperoni daar vind je toch de allerlekkerste?’

‘Die is inderdaad super.’

‘En ze zijn snel.’

‘Nu? Als ontbijt?’

‘Waarom niet, ik ga toch dood.’

Nu lachte hij wel oprecht hard. ‘Oké, let’s do it. Maar niet gillen hè! Ik weet waar Alistair ligt. En Alfie weet dat ook. Eén belletje…’

‘Duh, natuurlijk niet,’ zei ze snel. Haar buik voelde ijskoud. Dit was hoog spel, ze moest zijn vertrouwen behouden. ‘Ik heb écht honger.’

Bertie pakte zijn telefoon en belde meteen. ‘Ja, twee graag. Pepperoni. Allebei.’

‘Nee!’ Kate bewoog wild met haar hoofd. ‘Ik wil een Giardino.’

‘O, een van de twee wordt een Giardino, hoor ik net.’ Bertie knikte. ‘Ja, met mozzarella.’

‘Vegan graag.’

‘Wat?’

‘Met vegan mozzarella, en dubbel basilicum en…’

‘Niet te geloven dit.’ Geërgerd liep Bertie naar haar toe en hield zijn telefoon tegen haar oor. ‘Zeg het zelf maar.’

Op dit korte lontje had ze gehoopt. ‘Hallo, ja, ik wil de Giardino graag met vegan mozzarella.’

‘Dat zit er sowieso op,’ klonk een gehaaste vrouwenstem die Kate direct herkende. Ze bestelde hier vaak met Alistair.

‘Dat is waar ook.’ Kate kende de kaart uit haar hoofd, maar ze wilde nu vooral zoveel mogelijk praten. Misschien herkende de vrouw haar dan ook. ‘En extra basilicum.’

'Dat komt er ook automatisch bij,' zei de vrouw hoorbaar geïrriteerd. 'Lees het menu!'

'En dan twee keer champignons,' ging Kate rustig verder.

'Hallo… dat zit er allemaal al op.'

Bertie trok zijn wenkbrauwen op, gebaarde dat het klaar was.

'Ja, we betalen cash,' bedacht Kate ter plekke. Bertie knikte tevreden.

'Wat is dit voor onzin?' reageerde de vrouw nu echt boos. 'Cash accepteren we helemaal niet.'

'En ze moeten naar Dunelm Street, nummer…' Ze keek vragend naar Bertie.

'14.'

'Dunelm Street,' herhaalde Kate zo duidelijk mogelijk. 'Nummer 14, heeft u dat?'

'Dat heb ik ja, maar u moet met uw creditcard…'

Kate ademde diep in.

'Help!' gilde ze zo hard ze kon. 'Help, mevrouw, please…'

'Fuck.' Bertie trok zijn telefoon terug, maar kreeg hem niet meteen uit. 'Bitch.'

'Bel 112!' schreeuwde Kate door. 'Lady Colins hier. Hij wil me doden, hij…'

Een klap tegen haar wang. Haar hoofd sloeg naar achter.

'Cunt!' Bertie spuugde in haar gezicht. 'Ik wist het!'

'Wat dacht je nou?' gilde ze hem toe. Haar wang gloeide, maar ze voelde geen pijn. 'Dat ik me als een mak lam naar de slachtbank zou laten leiden?'

Bertie reageerde niet, praatte weer tegen zichzelf. 'We moeten het sneller doen. We skippen dat statement. En dan gaan we meteen...'

'Bertie, kappen!' gilde Kate opnieuw. 'Het is afgelopen. Ze hebben het adres gehoord. Ze zijn er zo.'

'Eerst die andere telefoon in het statief,' ging hij onverstoorbaar door. 'Dan pas de spuit pakken.'

'Ze hebben Alfie al gearresteerd.' Ze bleef schreeuwen. 'Het is klaar. Die lafaard verraadt je meteen.'

Weer een tik tegen haar slaap. Haar oren suisden. Nog een klap. Haar hoofd leek uit elkaar te spatten. Bertie pakte de rol tape, scheurde met zijn tanden een stuk af en plakte haar mond weer dicht. 'Nog één kik en ik sla je kop eraf.'

Haar hoofd bonkte, maar ze voelde nog steeds geen pijn. Ze moest opnieuw tijd rekken. Misschien belde die vrouw de politie, of was Alfie echt opgepakt. Misschien hadden ze camerabeelden van de pub opgevraagd en hadden ze ondanks de mist toch gezien dat Bertie haar in zijn auto legde. Of waren er getuigen geweest, die groep Chelsea-supporters bijvoorbeeld. Misschien belde Tracy wel bezorgd Benjamin om te vertellen wat er was gebeurd. Had ze gehoord dat ze Berties naam riep. Konden ze daarna zijn telefoon traceren.

Kate liet alle scenario's continu door haar gedachten gaan. Ze moest hoop blijven houden. Ze moest blijven geloven dat ze hier op tijd weg zou komen. Maar diep vanbinnen wist ze dat ze kansloos was.

'Zo, alles klaar.' Bertie legde een spuit op tafel en trok

een bivakmuts over zijn hoofd. 'We kunnen beginnen.'

Kate schudde haar hoofd. Nee, niet nu al.

'Ja, we zijn zover.' Bertie liep naar het statief, zette de camera aan en ging ervoor staan. Hij schraapte zijn keel. 'Vandaag wordt een bijzondere dag...'

Kate gooide haar hoofd weer tegen de leuning. Een klap klonk. Ze probeerde te gillen. Meer dan wat gekreun werd het niet.

'Eindelijk wordt de elite gestraft,' ging Bertie heel beheerst door. 'De upper class die ons land al eeuwen in een wurggreep houdt is nu zelf aan de beurt. Lady Colins zal het begin van het einde inluiden. Nu wordt het onze tijd.'

Het zweet liep over haar rug. Dit mocht niet gebeuren. Ze trok weer aan haar benen, rukte aan haar armen, blies tegen de tape.

'Bastard!' probeerde ze te gillen.

Maar Bertie liep kalm naar de tafel en pakte de spuit. 'Het zal maximaal een kwartier duren. Jullie kunnen elke seconde volgen. Nu zijn jullie haar stalkers geworden. *Watch or be watched, is that not the question*?'

Please Bertie, probeerde ze te zeggen, stop hiermee. Maar ze kon hem niet meer bereiken. Berties blik was volkomen blanco. Hij tikte tegen de spuit. 'Zitten jullie er klaar voor?'

Kate deed haar ogen dicht. Ze zag Alistair voor zich. Zijn donkere krullen, zijn spottende lach. Ze wilde hem wakker zien worden, grappen met hem maken. Zijn troep opruimen en zijn diploma's vieren.

'Het zal lijken alsof Lady Colins dronken wordt,' ging Bertie met vlakke stem verder. 'Eerst...'

Een enorme dreun. De bank schoot opzij. Kate klapte voorover.

Ze hoorde Bertie gillen.

Nog een knal. Rook. Brandlucht. Alle zuurstof leek verdwenen.

Kate zag niets, hoorde ook niets meer. Alleen nog een heel hoge piep.

Epiloog

EEN JAAR LATER

Kate stond achter een katheder op een klein podium in The Red Lion. Haar uitgever Morris begreep niet waarom ze de boekpresentatie per se in deze nietszeggende pub wilde houden. Maar Benjamin, die nu van een afstand zijn duim omhoogstak, had het meteen doorgehad. 'Daar hebben we zonder veel woorden gezegd dat we bij elkaar hoorden,' had hij Morris overdreven romantisch uitgelegd. 'In die pub startte ons nieuwe begin.'

Ze glimlachte weer bij de gedachte en keek de volle kroeg rond. Haar vader stond met Louise aan de bar te praten. Tracy was aan haar wilde armgebaren te zien Peter een sterk verhaal aan het vertellen. En in een hoek zag ze Evy zitten, naast Tom die hun kleine Olivia de fles gaf. Dat ze vandaag hier zo met iedereen zou staan, had ze een jaar geleden in Berties kelder niet durven bedenken.

Vooraan zag ze Alistair zitten, zijn slungelige arm om Jamie geslagen. Zo stom dat ze als ouders niet meteen door hadden gehad dat die twee smoorverliefd op elkaar waren. Jamie had hun zoon na de coma er snel bovenop geholpen. Geen drugs meer, geen heftige feesten. Ze gingen nu vaak in het weekend naar Barnham, lange hikes maken.

Kate tikte tegen de microfoon. Een lichte kraak klonk door de ruimte. Mensen draaiden zich naar het podium, gesprekken verstomden.

'Welkom, lieve mensen,' begon Kate, terwijl ze de microfoon wat dichterbij trok. 'Wat fijn dat jullie er zijn, ondanks de sneeuwstorm buiten. Het nieuwe jaar had niet veelbelovender kunnen beginnen.'

Meteen klonk gejoel bij de bar en ze zag haar oude collega's van de krant naar haar zwaaien. 'Op 2024!' gilde er een.

Kate schoot in de lach. 'En om dit jaar nog beter te beginnen wil ik graag het eerste exemplaar van mijn boek aan een bijzondere persoon aanbieden. Op de avond dat mijn leven bijna te vroeg was afgelopen, had hij net vertrouwen in mij getoond. Hij was diegene die mij aanmoedigde om die heftige week van een jaar geleden op papier te zetten. Om er gruwelijk eerlijk over te zijn. Natuurlijk twijfelde ik of ik de details van de dreiging, de psychose van mijn stalker en mijn eigen onzekerheden op papier wilde zetten. Maar dat is toch een erg goed advies gebleken.'

Weer klonk gejuich vanaf de bar. Kate hield haar boek in de lucht. 'Het schrijven van *To hunt or to be hunted, was that the question?* heeft zo therapeutisch gewerkt. Toen ik herstelde van mijn brandwonden, mijn zoon aan het revalideren was en ook de andere slachtoffers langzaam beter werden, heeft elke zin van het boek geholpen. Als afleiding, als verwerking en ja, soms zelfs als entertainment. En daarom wilde ik dus vandaag Erik Larson bedanken. Lieve Erik, kan je naar voren komen?'

Nu applaudisseerde iedereen. Ze zag hoe Erik door de anderen naar voren geduwd werd. Hij keek haar hoofdschuddend aan, maar glimlachte wel. Bij het podium begeleidde Benjamin hem het trappetje op en met zijn armen wijd uitgespreid kwam Erik op haar aflopen.

'Dit was toch niet nodig geweest,' fluisterde Erik terwijl hij haar een knuffel gaf.

'Niet nodig, maar wel verdiend.'

Kate overhandigde hem met een weids gebaar het boek. Op het omslag stond de titel in vette zwarte letters geschreven, haar naam in rood eronder. 'Erik, zonder jou was dit boek er niet geweest. En zonder dit boek had ik hier niet gestaan. Laten we hopen dat we deze hunt voor altijd achter ons kunnen laten.'

'Heel veel dank Kate.' Erik hield haar boek omhoog en in zijn andere hand zijn glas bier. 'Ik ben ervan overtuigd dat dit boek behalve succes, ook verandering zal brengen. Zien en gezien worden, jagen en opgejaagd worden, zullen een hele andere betekenis krijgen. Proost!'

Het applaus hield nog even aan, en ging toen snel over in het vertrouwde geroezemoes. Benjamin kwam het podium op lopen, gaf Erik een hand en haar een snelle kus. 'Lieverd, heel erg goed gedaan. Echt bizar hoeveel media hierop af zijn gekomen. Wie wil je eerst spreken? De BBC?'

Kate schudde haar hoofd. 'Is Katharine Viner hier?'

'Je oude baas?' Hij gebaarde naar de linkerkant. 'Ze staat al te wachten. Kom.'

Benjamin hielp haar het podium af en liep met haar mee naar de editor-in-chief van *The Guardian*.

De vrouw die zo boos op haar vertrek had gereageerd, kwam nu glimlachend op haar af. 'Zo goed je te zien, Kate, ik ben trots op je.'

'Dank je wel.' Ze keek even snel naar Benjamin, die haar toeknikte. 'Katharine, ik wilde je eigenlijk iets vragen. Ik zou...'

'Het antwoord is ja. Wanneer je wil. Kan je maandag beginnen?'

Ze schoten alle drie in de lach.

'Hoe wist je dit?' vroeg Kate terwijl ze een glas bier van Benjamin kreeg aangereikt.

'Je bent een journalist in hart en nieren, Kate,' zei Katharine. 'Dat weten we allemaal. Het duurde alleen iets langer voordat je het zelf ook doorhad.'

Benjamin glunderde. 'Dat zeg ik nou ook de hele tijd.'

'Ik kom graag terug.' Ze gaf Katharine een hand. 'Dank je wel.'

Nu kwam Tracy aanlopen, gearmd met Conran, een interviewer van de BBC. 'Darling, deze man wil je graag even spreken.'

'Hallo Conran.' Kate stak opnieuw haar hand uit. 'Fijn dat je er bent.'

'Nee hè, ken je hem ook al?' Tracy gooide haar armen wanhopig in de lucht. 'Ik heb net alle heroïsche verhalen over je uren in die kelder verteld. Opgeschept over je briljante plan van de pizza's en hoe je zo de politie naar je toe had gelokt. Maar Conran wilde alleen maar weten of de politie explosieven bij de inval had gebruikt.'

Kate grinnikte. 'Duidelijke vraag en het korte antwoord is ja. Ze moesten de deur opblazen. Dat ging ten koste van wat huid, maar alles is goed hersteld.'

'Dank je, maar ik zou je natuurlijk graag nog iets langer interviewen.' Conrad wees naar achter. 'Mijn cameraman staat daar, wil je meelopen?'

'Ik kom er zo aan, maar ik moet nog iets doen. Geef me vijf minuten.'

Kate draaide zich naar Benjamin. 'Heb je haar al gezien?'

'Ze staat bij de ingang. Zal ik meelopen?'

'Nee dank je, dit wil ik zelf doen.' Kate wrong zich door de drukte heen en zag haar inderdaad staan. In haar eentje, met een glas witte wijn in de hand. 'Hi Lynn, wat fijn dat je bent gekomen.'

Lynn keek op. Ze was in dit jaar niet ouder geworden, ze leek zelfs jonger. Misschien gebruikte ze botox. Maar ze was wel dunner, en de sprankeling leek uit haar ogen verdwenen. 'Ik weet eigenlijk niet waarom je mij hebt uitgenodigd.'

'Dat begrijp ik.' Kate pakte een boek van de stapel bij de deur. 'Ik wilde je deze persoonlijk overhandigen. Voor je steun in die moeilijke tijd. Je hebt toen echt je best gedaan.'

Lynn pakte het boek aan. 'Dank je. Hoe gaat het nu met je? Ik hoorde dat die stalker zelfmoord heeft gepleegd in de gevangenis. En dat Alfie daar nog twee jaar moet zitten.'

'Het gaat met mij steeds iets beter. En misschien is het voor Bertie ook wel beter zo. Die zware psychotische aanvallen maakten hem kapot.'

'Dat zal wel.'

Ze stonden even ongemakkelijk tegenover elkaar.

'Ik wil je eigenlijk nog iets zeggen.' Kate haalde diep adem. 'Het spijt me hoe het daarna is gelopen. Het was zo chaotisch, ik in het ziekenhuis, jij in Liverpool. Maar Benjamin en ik hadden het je toch eerder moeten zeggen. Dat hebben we niet netjes gedaan. Sorry.'

Lynn haalde haar schouders op. 'Ach, ik wist het eigenlijk wel. Ik voelde al die tijd dat er nog iets tussen jullie was. Gek genoeg leken jullie de enigen die het niet doorhadden.'

'Voor een journalist heb ik een *lousy* opmerkingsvermogen.'

Nu moest Lynn lachen. 'En voor een actrice ben ik opvallend slecht in doen alsof. Ik denk zelfs niet dat ik ooit echt van Ben heb gehouden. Patrick past veel beter bij mij.'

'Dat is fijn om te horen.'

Lynn tikte op het boek. 'Weet je al waar je volgende over gaat?'

'*To see or to be seen*. Over hoe onzichtbaar de onderklasse in onze maatschappij nog steeds is.'

'Dat klinkt als een boek dat al heel lang geleden geschreven had moeten worden.' Lynn gaf haar een korte knuffel. 'Veel succes. Tot ziens Kate.'

'Het ga je goed Lynn.'

Dankwoord

Het vijftiende boek. Ik wist niet hoe ik met schrijven moest beginnen, nu zou ik niet meer weten hoe te stoppen. Twee boeken per jaar ontstaan niet zonder steun. Veel dank aan het kundige team bij Xander Uitgevers, mijn agent Willem, mijn helden (Benk, Taco, Niels), mijn familie en mijn vrienden (hier en daar). Wat is het tot nu toe een feest geweest.

GENIET VAN ALLE VAKANTIE-
THRILLERS VAN KIKI VAN DIJK

‘Zenuwslopende vakantiethrillers.’ – Vriendin

www.kikivandijk.nl

STORMACHTIGE SPANNING OP HET GLAMOUREUZE EILAND

Charlie gaat voor haar werk als reisblogger een paar nachten naar een glamping op Vlieland. Op het eiland wil ze Sytze interviewen, de eigenaar van een nieuwe bierbrouwerij. Hij is echter bot en ongeïnteresseerd, en Charlie krijgt vreemde reacties als ze wat mensen naar hem vraagt. Dan wordt het bebloede lichaam van een meisje gevonden. Sytze wordt onmiddellijk verdacht, en als er nog iemand verdwijnt weet iedereen het zeker: hij is de dader. Door een zomerstorm wordt Charlie gedwongen om op het eiland te blijven en ze besluit zelf op onderzoek uit te gaan, met gevaar voor eigen leven…

EEN GRUWELIJKE NACHTMERRIE IN DE GLINSTERENDE WERELDSTAD

Mika werkt als sportjournalist in Rotterdam en besluit op kerstavond naar Parijs te vertrekken. Ze maakt zich zorgen om haar tweelingzus Abby, die daar sinds een jaar woont, maar die ze al een paar dagen niet kan bereiken. In de besneeuwde lichtstad lijkt Abby van de aardbodem verdwenen. Mika begint een wanhopige zoektocht en ontdekt een aantal onbekende kanten van haar zus, die een heel ander, gevaarlijker leven leidde dan Mika ooit had kunnen vermoeden. Als ze daarna een gruwelijke ontdekking doet, weet ze niet meer wie er uit het nieuwe leven van haar zus nog te vertrouwen is. En of ze zelf nog wel veilig is…

LEVENSGEVAARLIJKE GEHEIMEN IN DE PRACHTIGE OUDE STAD

Kunstrestaurateur Clea wisselt haar werk aan wereldberoemde schilderijen af met een roerig nachtleven. Als ze door haar oud-klasgenoot Tanya wordt gevraagd voor een geheimzinnige opdracht in Florence, kan ze het gevoel van avontuur niet weerstaan. Maar van flaneren langs oude palazzi en gezellige trattoria's is geen sprake: achter alle kunst en romantiek gaat een levensgevaarlijk complot schuil. Bovendien blijkt Tanya spoorloos verdwenen. Als Clea niet heel snel besluit wie ze kan vertrouwen, zou het prachtige Florence weleens haar allerlaatste bestemming kunnen zijn…